静下心来当妈妈

熊婧譞 编著

北方妇女儿童出版社
·长春·

图书在版编目（CIP）数据

静下心来当妈妈 / 熊婧譞编著. -- 长春 : 北方妇女儿童出版社, 2024. 12. -- ISBN 978-7-5585-9070-2

Ⅰ. G78

中国国家版本馆 CIP 数据核字第 2024Y8F418 号

静下心来当妈妈

JING XIA XIN LAI DANG MAMA

出 版 人	师晓晖
责任编辑	李绍伟
装帧设计	天下书装
开　　本	880mm × 1230mm　1/32
印　　张	7
字　　数	120 千字
版　　次	2024 年 12 月第 1 版
印　　次	2024 年 12 月第 1 次印刷
印　　刷	三河市南阳印刷有限公司
出　　版	北方妇女儿童出版社
发　　行	北方妇女儿童出版社
地　　址	长春市福祉大路 5788 号
电　　话	总编办：0431-81629600
定　　价	39.80 元

前言

对每个人来说，“妈妈”是一个意义非凡又温情暖暖的词语。因为有妈妈，孩子能得到无微不至的关怀与照顾，在浓浓的爱护中慢慢长大；因为有妈妈，孩子能拥有一个温暖的避风港，无论何时都能在此栖息，获得能量补给；因为有妈妈，孩子能时刻以积极阳光的心态面对未来，勇敢地面对未知的挑战。

可以说，“妈妈”是个伟大的词汇，而现实生活中的每一位妈妈也都是“伟大”的代名词。在孩子的成长过程中，妈妈扮演着举足轻重的角色，她们除了要照顾孩子的日常起居外，还承担着教导、指引孩子健康成长的重要任务。在这个过程中，每位妈妈都承受着身体和心理方面的双重负担，甚至有时比起身体上的劳累，精神方面的压力会让她们感到疲累，甚至会让她们感到迷茫。

在这种情况下，学会轻装上阵，静下心来当妈妈就显得尤为重要。只有妈妈以轻松、愉悦、积极的状态面对生活，孩子才能从她身上获得积极向上的力量。反之，若妈妈的身上充满了压力，那孩子的成长也会因此受挫。

所以，如何静下心来，是每位妈妈都应该学习和掌握的技能，也是每位妈妈完成自我蜕变的必经之路，更是妈妈和孩子相处融洽、共同成长的不二选择。

为了帮助每位妈妈更好地承担养育者的角色，更好地理解“静下心来当妈妈”的内涵，我们特意编写了这本《静下心来当妈妈》。本书从妈妈们的生活实际出发，以亲子共读的视角编写而成。

全书共分为“静谧之心，育儿的起点”“深入了解，与孩子同行”“智慧育儿，走好每一步”“自我成长，收获新惊喜”四大主题，以由浅入深、层层递进的编写方式，详细分析了“妈妈”这一角色在育儿的各个环节所要面临的各类问题。在提出问题的同时，我们还通过生动翔实的理论知识、有趣生动的亲子故事予以解读，为每位妈妈提供解决问题的智慧锦囊。

此外，为了增加本书的趣味性，我们特意在书中编写了丰富的阅读板块，如“情景再现”“暖心提示”“妈妈课堂”“温馨时刻”“启迪时刻”“妈妈智慧”，每个板块都紧密围绕“静下心来当妈妈”的主题展开，以多角度、全方位的视角进行阐述，方便妈妈们在阅读的过程中获得图文并茂的体验，由此更好地增强阅读效果，帮助大家成为更出色的家长！

目 录

第三章　智慧育儿，走好每一步

第四章　自我成长，收获新惊喜

第一章

静谧之心，育儿的起点

自古以来，中国就是一个注重教育的国家，随着时代的发展和教育理念的进步，除了学校教育外，家庭教育也越来越受到人们的关注。妈妈作为家庭育儿的主力军，发挥着至关重要的作用，然而对于怎么与孩子相处、怎么教育孩子等问题，很多妈妈感到迷茫，育儿问题层出不穷，但归根结底，育儿首先应该怀有一颗静谧之心。

寻找内心的宁静，开启育儿之旅

很多人对于育儿的理解是教育孩子，但其实育儿更应该是妈妈和孩子的双向奔赴。孩子在妈妈的教育下获得成长和进步，妈妈则在与孩子的相处过程中重新找到内心久违的宁静。

情景再现

大宇是个调皮的男孩儿，大错不犯小错不断，为此妈妈总是控制不住对他大喊大叫。有一次，社区举行育儿讲座，大宇妈妈也去听了一下。通过这个讲座，她发现了自己在育儿方面的方法过于简单粗暴，她想要做出一些改变。

这天放学以后，大宇的班主任告诉大宇妈妈，大宇今天在体育课上和同班的小明发生了肢体冲突。要是以前大宇和同学发生冲突，她一定会控制不住情绪冲大宇大发脾气。但这次她想到了讲座的内容，觉得大宇之所以有这样的行为和自己平时的教育方式是有关系的，于是她控制住了心里的情绪。到家以后，妈妈温和地问大宇："儿子，你今天为什么和小明打架呢？"大宇小声地说："我投篮投得不好，小明在旁边嘲笑我，我实在没忍住就和他打了起来。"妈妈听了以后说："大宇，不管什么原因，打架都是不对的，知道吗？"大宇说："知道了，妈妈。"妈妈说："投篮投得不好没关系，妈妈以后陪你多练习。"大宇高兴地说："太好了，妈妈。"

从这件事以后，大宇每次犯错误妈妈总是心平气和地和他讲道理，而不是大吼大叫。此后一段时间，她发现大宇有了很大的进步，犯错频率也越来越低。这时，她才明白家长的内心平静对孩子的影响是多么大。

暖心提示

心理研究表明：家长的情绪对孩子的身体和心理都会产生影响。我们之所以提出“寻找内心的宁静，开启育儿之旅”的口号，是因为一个孩子从呱呱坠地到长大成人，其过程是漫长的，家长们会面临各种各样的挑战，家长的情绪对育儿的最终效果影响巨大。而妈妈作为育儿的主力军，对孩子的影响不言而喻。一个内心宁静的妈妈，必然能在生活中保持情绪稳定，一个精神内核强大的妈妈，她们能从容睿智地解决孩子成长中遇到的问题，为孩子的成才保驾护航。

妈妈内心宁静是对孩子的一种爱，是孩子内心安全感的重要来源。

妈妈课堂

做母亲虽然是一件让人感觉幸福的事情，但是也面临着很多的压力和挑战。对于很多新手妈妈来说，面对孩子以及第一次接触育儿，内心肯定是既期待又忐忑的。我们说开启育儿之旅的时候要寻找内心的宁静，这是为什么呢？

1. 育儿之旅充满不确定性

孩子的成长是一个不断“升级打怪”的过程，充满各种不确定因素，并不会一直按照一个固定的轨道前进。当孩子在成长中出现突发情况的时候，内心宁静的妈妈能够保持理智，从容应对。

2. 妈妈在育儿的同时还要平衡各种关系

妈妈有很多身份，既是母亲，又是妻子，还可能是员工。在开启育儿之旅以后，以前放在家庭、工作或者人际关系上的精力自然会分一部分给孩子，这也需要妈妈平衡各种关系。内心宁静的妈妈能够很好地调整自己的状态，以积极的心态面对问题。

3. 妈妈在育儿时可能会面对一些外部的压力

妈妈在开启育儿之旅的时候肯定会经历一段新手期，可能会受外部压力影响而对自己的育儿方式产生怀疑，内心宁静的妈妈能够理性地对待外部压力和他人的育儿意见。

4. 内心宁静有助于建立健康的亲子关系

在育儿的过程中，内心宁静的妈妈更能带给孩子充足的安全感，成为孩子心中那个信任和依赖的人，有利于建立健康的亲子关系。

温馨时刻

张凡的妈妈是一位职场女性，繁重的工作、家庭和育儿等各种问题常常让她感觉身心俱疲。张凡是一个小学三年级的学生，和这个年龄段的其他孩子一样，他对这个世界有着强烈的好奇心和探索欲，总想体验不同的事物。这天晚上，他回到家后对正在工作的妈妈说：“妈妈，刘健今天跟我说他们全家去山上露营了，我还没有去过，您能不能带我也去一次呀？”被工作搞得心烦气躁的妈妈从电脑屏幕前移开，当看到孩子渴求的目光时，张凡妈妈克制住自己的情绪，对他说：“好哇，没有问题。这个周末咱们一家三口一起去。”

张凡的兴奋和期待之情溢于言表，他高兴地说：“谢谢妈妈，我好幸福哇！”看到这样的场景，张凡妈妈也感觉很开心，她忽然明白当自己内心宁静时，不管对孩子还是对自己都有好处。

周末，张凡妈妈带着张凡一起去露营。张凡对支帐篷这件事很感兴趣，于是张凡妈妈把这个任务交给了他。在支帐篷的时候，张凡的速度有点儿慢，张凡妈妈却没有像以往一样不耐烦，而是在一旁鼓励他，张凡因此备受鼓舞。他们一起野餐、看星星、聊天儿，张凡妈妈觉得自己找回了内心久违的宁静，身体和心灵都得到了放松，张凡也特别开心。

从此以后，在教育张凡这件事上，张凡妈妈始终保持内心的宁静。在这样的相处模式下，张凡有了很大的进步，他变得阳光、自信、懂事了，这让张凡妈妈感觉很欣慰。

启迪时刻

故事中的张凡妈妈在面对孩子的时候及时克制住了自己的负面情绪，以宁静的内心面对孩子，收到了良好的育儿效果。育儿的过程是妈妈和孩子互动的过程，当你以宁静的内心对待孩子的时候，会收到孩子的喜爱和欣喜；当你以烦躁的心对待孩子的时候，你会看到孩子的沮丧和失望。所以，在开启育儿之旅的时候，我们首先需要内心宁静，这样才能在跟孩子相处时更轻松且充满温情。

妈妈智慧

智慧 1

育儿是一个体力和脑力并用的工作。妈妈在育儿的同时也要注意适度运动，保持充足的睡眠，让自己的体力和精神都保持充沛。同时，也要不断学习，用知识充实自己的头脑，这样在育儿的路上面对困扰时也不至于太迷茫。

智慧 2

孩子的成长需要漫长的时间，这就需要妈妈调整好自己的心态，以积极乐观的态度去面对育儿过程中的各种问题。对孩子的期望不要过高，不要把自己的愿望强加到孩子身上，尊重孩子的成长，接受孩子的不完美，允许孩子犯错。

智慧 3

育儿经常让人神经紧绷，长期处于神经紧张的状态对健康是非常不利的。妈妈在爱孩子的同时也要记得爱自己，抽出时间做一些自己喜欢的事情，如运动、读书、看电影等，让紧绷的神经放松下来。

拥抱新身份，理解母亲的意义

有了孩子以后，“母亲”不仅仅是一个称谓，更是一份终身的职业。成为母亲多了一重社会身份，我们要拥抱新身份，用爱守护和陪伴孩子成长的每一个时刻。

情景再现

张贤今年30岁，因为没人帮忙照顾孩子，她只能放弃自己稳定的工作，成为一个全职妈妈。失去了固定的收入、缺乏认同感，再加上育儿方面各种问题经常让她内心焦虑，但在她细心的照顾下，女儿悠悠茁壮成长。

这天悠悠从幼儿园放学以后，特别开心地和妈妈分享学校发生的趣事。她说马上要到母亲节了，小朋友们都给妈妈做了贺卡，老师告诉小朋友们每个妈妈都是伟大的，是值得尊敬的。听了悠悠的话，张贤问她：“宝贝，妈妈不像其他小朋友的妈妈一样有工作，这样你还爱妈妈吗？”悠悠一副小大人的模样，说：“谁说妈妈没有工作了，刘老师今天说了，妈妈本身就是一份伟大的职业呀！”听了女儿的这番话，张贤的内心非常激动。悠悠接着说：“妈妈，您知道吗？我们班很多小朋友都很羡慕我，因为我每天都有妈妈接送和陪伴，大家都说我活泼开朗，都愿意和我一起玩儿呢。”张贤亲了亲女儿的小脸蛋儿，说：“宝贝，谢谢你。”悠悠说：“妈妈，我应该谢谢你，我爱你。”

经过这件事，张贤明白了“妈妈”这份职业所包含的意义，自我认同感得到了提升，对孩子的照顾和教育也更加无微不至。

暖心提示

成为一名母亲是每一个女性人生最重大的转变之一，从此以后，她的社会身份就多了一个“某某的妈妈”，她和孩子的生活被爱连接在一起。成为一个母亲以后，我们首先要学会拥抱新身份，认同新身份。拥抱新身份就需要我们接纳生活中发生的改变，同时也要不断更新自己的育儿知识，调整自己的心理状态，给孩子的成长提供全方位的支持。此外，在拥抱新身份、爱孩子的同时，我们也不要忘了爱自己，因为爱自己也是对孩子的一种爱。

拥抱新身份，解锁人生的新篇章。
拥抱新身份，开启传承爱的旅途。

妈妈课堂

一名女性要经历十月怀胎，一朝分娩，才能成为一名母亲，从此开启让她辛劳却幸福的人生新篇章。在世界各国的语言中，“妈妈”的发音惊人地相似。人们提到母亲也全是赞美之辞，不分国家、地区和种族，这与“母亲”的职业意义息息相关。

1. 母亲是生命的守护者

母亲和孩子的牵绊从怀孕开始。为了迎接新生命，母亲要承受身体和心理状态的变化，还要时刻关注自己身体的变化，以确保孩子的平安健康。有人说：“我们住的最贵的房子就是妈妈的肚子。”在我们还未真正来到这个世界的时候，母亲就在用她的身体守护着我们。

2. 母亲是孩子成长的领路人

一个孩子从呱呱坠地到长大成人，成长的重要时刻都离不开妈妈的引领和陪伴，需要妈妈倾注大量的心血和无尽的爱。从咿呀学语到会走路、会独立穿衣吃饭，孩子每一步的成长都离不开母亲无私的付出。

3. 母亲是孩子安全感的来源

母亲作为孩子成长中最重要的参与者，能带给孩子充足的安全感。如果我们细心观察就会发现，大部分孩子在回家之后第一件事就是找妈妈，那是因为在他们的潜意识里母亲是安全感的来源。在孩子的成长过程中，母亲用温柔的语言抚平孩子的委屈，用温暖的怀抱安慰孩子的失落，妈妈对孩子来说就像温暖的避风港。

温馨时刻

刘畅在硕士毕业后通过人才引进计划在大城市扎下了根，并拥有一份体面的工作。美中不足的是，她的儿子赵磊学习成绩一般，性格也不像其他小孩儿那样活泼开朗。

一天，刘畅回家以后，儿子赵磊一反常态，高兴地跑过来对她说：“妈妈，今天英语老师表扬我了！”说完以后，还美滋滋地拿出来一张试卷给她看，刘畅看到试卷的分数是 85

分，老师的评语写的是：太棒了！比上次进步了 5 分呢，继续加油！

看着儿子的笑脸和老师的评语，刘畅陷入了沉思，班里那么多孩子，老师还能关注到自己孩子的进步，相比之下，自己平时对孩子的期望太高，关注度却不足，需要改进。想到这里她对儿子说：“你确实进步很大，妈妈为你点赞。”听了妈妈的话，赵磊更高兴了，吃完饭以后甚至主动拿起了课本温习功课。

因为领悟到了自己作为母亲的不足之处，刘畅开始有意地将时间和精力向孩子身上倾斜，每天都会抽出些时间和孩子聊天，耐心地辅导孩子写作业，周末也不再忙于工作，而是陪孩子学习和玩耍。经过一段时间的努力，她发现赵磊的性格比以前开朗了，学习成绩有了很大的进步，身体素质也得到了提高。不仅如此，刘畅身边的朋友和同事也发现她整个人的精气神特别好。这时刘畅才明白：母亲给孩子提供爱、陪伴和鼓励乃天性使然，只要用心经营，自己和孩子都可以获得进步和成长。

启迪时刻

故事中的刘畅从忽略孩子到重视孩子，理解了母亲这一身份的意义，这样的转变是可喜的。生活中有不少妈妈都存在这样的育儿问题：她们对孩子有着很高的期望，给孩子的陪伴和鼓励又太少。其实，对孩子的养育并不是只提供金钱和物质这么简单，还要有陪伴和鼓励。温暖的陪伴和鼓励虽然看不见、摸不到，却能产生强大的力量，让孩子变得勇敢、自信、阳光。

妈妈智慧

智慧 1

我们总说态度不同，结果就不同，要想将母亲这一角色扮演好，妈妈首先应该调整自己的心态，让自己积极起来。母亲这个身份是“终身制”的，是责任，是使命，也是甜蜜的“负担”。母亲积极的心态对孩子和家庭都是有好处的。

智慧 2

在面对孩子的时候，我们要学会倾听和欣赏。聆听孩子的心声，欣赏孩子的优点，尊重孩子的观点。虽然每个人都希望自己的孩子变优秀，但在教育孩子的时候要明白，每个人的能力都有所不同，不要对孩子的成长过于焦虑，也不要只关注孩子飞得高不高，更要关心孩子飞得累不累。

智慧 3

要明白你首先是自己，其次才是一名母亲。在做母亲的时候也不要忘了做自己，不要放弃自己的兴趣爱好，不要忘了持续学习和提升自己。心理研究表明，母亲越优秀，孩子越自信。

学会情绪管理，做情绪稳定的妈妈

人的情绪具有感染力，它能形成一种磁场，从而对身边的人产生影响。在与孩子相处的时候，妈妈稳定的情绪能带给孩子满满的安全感。因此，妈妈要学会情绪管理，保持情绪的稳定，以免影响孩子的健康成长。

情景再现

团团妈妈是一个全职妈妈，每天的生活就是围绕着孩子和家务进行，单调的日常让她有时控制不住情绪，对孩子发脾气。

有一天，她正在厨房里准备晚餐，团团也跟了进去，问道："妈妈，我能帮忙搅拌鸡蛋吗？"团团妈妈不耐烦地说："你这么小，会什么，赶紧出去！"团团说："让我试试嘛，好不好？"眼看着锅里的油越来越热，团团妈妈忍不住大声地喊："听不懂吗？出去！"于是，团团噘着嘴走出了厨房。还有一次，团团看动画片里的小朋友在帮妈妈干家务，他也跑去卫生间打开水龙头，把妈妈的皮鞋泡在盆里刷了起来。当团团妈妈发现的时候，鞋已经变形了。团团妈妈的火气一下子就上来了，生气地对着团团喊：“你是吃饱了没事干吗？真是气死我了！”

转眼团团上了幼儿园。一天，老师对团团妈妈说：“团团的脾气比较急躁，有不顺心的事情就会对小朋友大喊大叫，也不爱尝试新事物，这个问题您一定要引起重视。”听了老师的话，团团妈妈认识到可能是自己平时情绪不稳定影响到了孩子。此后，在和团团相处的时候，她有意控制自己的脾气，尽量保持情绪稳定，她发现团团脸上的笑容也越来越多，不管在幼儿园还是在家里都表现得非常好。

暖心提示

在孩子的成长过程中，妈妈对孩子的影响是巨大而深远的，妈妈的情绪会直接影响到孩子的性格。也许你会说，做到情绪稳定太难了！是呀，作为一个成年人，我们每天都要面对生活中的各种压力，要想做到心如止水的确不容易。不知道你是否有过这样的经历，对孩子发完脾气以后问题没有解决，冷静下来自己又非常后悔。因此，为了孩子的健康成长，妈妈要做好情绪管理，保持稳定的情绪。

妈妈情绪稳定让孩子如沐春风，
妈妈情绪稳定让孩子更有安全感。

妈妈课堂

中国有句古话：“母静则子安。”说的是母亲的内心平静，孩子就会感觉安定。可见，母亲的情绪对孩子的影响是多么重要。在育儿的过程中，一个有智慧和远见的母亲懂得如何进行情绪管理，用积极稳定的情绪去感染孩子。那么，妈妈的情绪稳定都有哪些影响呢？

1. 为孩子营造良好的成长环境

情绪稳定的妈妈在面对问题的时候能够克制自己的冲动，避免偏激的言行，理智地化解家庭中的各种矛盾，营造出和谐、温馨的家庭氛围，在这样的家庭中成长的孩子内心有足够的安全感。

2. 促进亲子关系的和谐

情绪稳定的妈妈在面对孩子的时候总能以平和的态度去和孩子交谈，不言辞犀利，不咄咄逼人，这样更容易让孩子敞开心扉，接受妈妈说的话。人都有逆反心理，情绪不稳定的妈妈容易激起孩子的逆反心理，造成亲子关系紧张。

温馨时刻

赵晶是一位非常要强的女士，她有一个9岁的女儿蕾蕾，在对女儿的教育问题上她格外重视，给女儿报了各种兴趣班，只要孩子的表现或者成绩不如她的预期，她要么大发雷霆，要么冷言冷语。

前几天，钢琴考级的成绩公布了，因为考试当天蕾蕾的身体不舒服，所以这次考试没有通过。成绩公布的当天，赵晶对蕾蕾大发脾气，问道："你知道我为你这次考试付出了多少钱和精力吗？你怎么那么笨？咱们小区的欢欢比你少学了几个月，人家都能一次通过。"听了她的话，蕾蕾眼眶里噙满了泪水，一声不吭地回到房间，把自己反锁了起来。还有一次，因为考试的时候蕾蕾把小数点点错了位置，导致丢分，赵晶又没控制住自己的脾气，大声训斥她说："你什么时候才能改掉这粗心大意的毛病，你太让人失望了！"

类似的事情时有发生，蕾蕾整个人都郁郁寡欢，对学习也表现得很消极，这引起了老师的注意。老师专门去蕾蕾的家里家访，针对蕾蕾的教育问题和赵晶进行了一次交谈。通过这次谈话，赵晶认识到因为自己的情绪不稳定对女儿的心理造成了巨大的伤害，她感到非常后悔。

家访以后，赵晶也看了许多心理和育儿方面的书籍，她开始尝试管理自己的情绪，遇到事情不再随意发脾气，而是帮蕾蕾分析原因，鼓励蕾蕾。经过一段时间的调整，蕾蕾的学习积极性得到了提升，她们母女的关系也变得亲密了起来。

启迪时刻

故事中的妈妈因为自己的情绪不稳定，给孩子的心理造成了创伤，我们要引以为戒。在育儿的过程中，我们要警惕“情绪暴力”对孩子的伤害，孩子正处于心理发育的关键时期，抗压能力和承受能力相对较弱，一旦遭遇“情绪暴力”，对他们的心理造成的损伤是巨大的。在与孩子相处的时候，妈妈要时刻提醒自己：妈妈的坏情绪就像龙卷风，最先席卷的是孩子的世界。

妈妈智慧

智慧1

要想管理好自己的情绪，妈妈首先要有清晰的自我认知，搞明白容易引起自己情绪激动的点是什么，只有这样才能在情绪失控之前及时地感知到，进而有所克制。在情绪即将爆发的时候，尽量让自己先冷静下来，或者深呼吸，或者暂时换个环境，给自己几分钟的时间冷静一下。然后，在心里默默地告诉自己发脾气不能解决问题。

智慧2

大人和孩子的思维方式有所不同。当孩子的所作所为让

妈妈的情绪失控的时候，先不要着急发火，试着换位思考，站在孩子的角度去想一下他的这个行为产生的原因。

智慧3

我们所说的情绪管理并不是要求妈妈在育儿的时候不能有情绪，而是将这些情绪暂时控制住，不对孩子发泄，通过其他方式来宣泄，比如运动、和朋友倾诉等。

能够做到以上几点，相信您也可以成为一名情绪稳定的妈妈。

自我反思，不断成长的旅程

在育儿的过程中，当孩子的表现没有达到妈妈的期望时，妈妈需要具备反思的智慧，审视自己的不足之处。通过反思，不仅可以拉近亲子关系，还能及时查漏补缺。这既有利于妈妈的成长，也有利于孩子的成长。

情景再现

小军今年三年级，他在学习之余喜欢打乒乓球和捏黏土。他的妈妈则秉承“不能让孩子输在起跑线上”的理念，希望小军把更多的精力放在文化课的学习上，这导致她们母子经常发生摩擦。

一天，小军根据网上的黏土教程捏出一个漂亮的机器小猫，他感觉很有成就感，连忙拿着作品跑到妈妈跟前展示。本以为会得到妈妈的夸奖，没想到妈妈看了一眼说：“捏得好有什么用，考试能加分吗？”小军脸上的笑容瞬间凝固了，他失落地回到自己的房间。还有一次，学校组织乒乓球比赛，小军获得了第一名的好成绩。回家以后，他把奖状放在了茶几上，妈妈看见以后说："要是能把这些时间用在学习上，该有多好！"小军听完以后非常生气，大声喊："学习，学习！你每天就知道说学习，我又不是学习的机器！"说完就开始放声大哭起来。

想着小军说的话，妈妈夜里辗转反侧，她想起了自己小时候想要学习舞蹈被母亲反对时的失落，自己现在做的不也是这样的事情吗？经过反思，她认识到了自己的错误，对小军的爱好不再打压，偶尔还会陪小军一起捏黏土、打球等，她发现小军的成绩并没有因此退步，反而学习变得更有效率，家庭的氛围也变得更温馨了。

暖心提示

反思既是一种独特的思考方式，也是一种自我成长的能力。在育儿的过程中，虽然妈妈在心智上更成熟，经验也更丰富，但这并不代表妈妈就一定是正确的。就连孔子都说“吾日三省吾身”。具备反思精神的妈妈不会认为自己一贯正确，在面对孩子时也不会摆出高高在上的姿态。相反，她们会反思自己在育儿的过程中有哪些不足之处，及时调整自己的育儿方式。这样，不仅妈妈有所成长，也有助于孩子的健康成长。

反思让妈妈的不足之处得以弥补。
反思使孩子的成长之路更加阳光。

妈妈课堂

育儿不仅是教育孩子，也是通过家长和孩子的互动，达到共同成长的目的。对于很多妈妈来说，育儿虽然能借鉴他人的经验，但更多的时候需要自己去探索，在这个过程中就难免会出现错误，需要妈妈去反思和总结。那么，反思在育儿过程中有什么作用呢？

1. 自我反思能拉近亲子关系

育儿过程中不仅有“母慈子孝”，也会有“鸡飞狗跳”。这时，妈妈不要有高人一等的心态，尤其是在孩子的表现没有达到自己的预期时，不要把所有的原因都一股脑儿地推到孩子身上，而是要反思自己在育儿过程中的方法是否得当。这样的育儿方式能有效地消除隔阂，拉近亲子关系。

2. 自我反思能让亲子双方共同成长

育儿的过程是妈妈与孩子在磨合中共同成长的过程。在这个过程中，自我反思能让妈妈及时发现自己的缺点和错误，在处理亲子问题时才能更睿智。通过自我反思，妈妈可以找到更适合孩子的成长方式，这有利于孩子的健康成长。

3. 自我反思能提升育儿效果

自我反思可以从两方面提升育儿效果。首先是能找到更适合自己孩子成长的方式方法。此外，自我反思能使亲子双方的关系平等，相较于打压式教育，被尊重的感觉更能激发孩子的热情和潜力。

温馨时刻

林畅的儿子小毅今年9岁，在小毅的教育问题上，她表现得非常严厉和强势。

这天，林畅在工作的时候忽然接到老师的电话，老师告诉她小毅和同班的佳明发生了争吵，虽然已经做了调解，但还是希望她关注一下这个问题。林畅下班到家后立刻把小毅叫到了跟前，严厉地说："我跟你说了多少次了，不要和同学发生冲突，你为什么就记不住呢？"听了妈妈的话，小毅生气地说："这件事情本来就不怪我，您凭什么批评我？您一点儿也不爱我。"说完就回自己的房间了。

听了儿子的话，林畅意识到自己的确没有问清楚原因就开始对孩子进行批评，如果自己是小毅，也肯定会有情绪。她平复了一下心情，来到了小毅的房间，说：“小毅，对不起，妈妈不了解事情的来龙去脉就批评你，妈妈向你道歉。你愿意告诉妈妈事情的原因吗？”听了妈妈的话，小毅的情绪也缓和了，他说：“佳明嘲笑我长得矮，我实在气不过，才跟他吵了起来。”林畅听了以后说：“孩子，佳明嘲笑你确实不对，但你觉得吵架能解决问题吗？”小毅说：“不能。”林畅说：“每个人发育的时间都不一样，有早有晚，只要你好好吃饭和休息，勤加锻炼，肯定会长高的。”小毅听了以后说：“我记住了，妈妈。”

经过这件事，林畅明白了作为妈妈在育儿上一定不能自以为是，而应该学会倾听和反思，这样才能拉近亲子关系，和孩子共同成长和进步。

启迪时刻

故事中的林畅因为自己先入为主的观念，不问明原因就直接质问孩子，伤害了孩子的自尊心和感情，好在她及时反思，修补了亲子关系。在育儿的过程中，每个孩子都有犯错的时候，妈妈首先应该把目光放在错误本身上，而不是放在犯错的人身上，也就是孩子身上，这样才有利于问题的解决。当孩子的成长遇到问题的时候，妈妈要学会自我反思，和孩子一起寻求解决之道。

妈妈智慧

智慧1

金无足赤，人无完人。在育儿的过程中，妈妈要怀有一颗开放和包容的心，明白自身也存在很多不足之处。虽然妈妈在经验和心智上相比于孩子具有优势，但在“做妈妈”这件事上和孩子的起跑线一致，也是有可能犯错的。面对孩子，千万不要“一言堂”，而是要听得进不同的意见。

智慧2

妈妈和孩子在思维方式、情感需求等方面均不相同，此时妈妈就要学会倾听，试着换位思考，站在孩子的角度去看问题。当理解代替说教，很多问题都会找到答案。

智慧3

三人行，必有我师焉。每个人做事情都不可能尽善尽美，都会有自己的不足之处。妈妈可以和其家长交流育儿心得，向育儿专家请教或者自主学习育儿知识等，更新自己的育儿知识库，弥补自己育儿方面的不足。

如果能做到以上几点，妈妈肯定会在自我反思中不断成长。

设定育儿目标，明确方向

就像船儿在大海中航行需要灯塔的指引一样，孩子的成长也需要有目标才不会迷失方向。妈妈作为孩子成长的领路人，需要设定相应的育儿目标，明确方向，才能让孩子在成长的路上更有方向感，不茫然、不彷徨。

情景再现

郑丽的女儿文文是一个非常可爱的小姑娘，她学习成绩优秀，心地善良，就是身体素质不太好，经常感冒。

这天，天气晴朗，郑丽带着文文一起来到公园散步，她们边走边聊天。郑丽说：“文文，妈妈觉得你之所以爱生病是因为你的运动量太少了。如果你坚持锻炼，你的身体素质肯定能得到提高。”文文听了妈妈的话，说：“我也想锻炼，但是我觉得我好像没有运动的天赋，稍微跑几步就感觉气喘吁吁的。”郑丽说：“很多马拉松运动员最开始并不能跑那么远的距离，都是通过长期的锻炼才慢慢提升的。妈妈不期望你成为专业的运动员，只是希望你能通过运动强身健体。如果你愿意锻炼，不如我们一起来设定一个小目标吧！”文文说：“好哇。”郑丽说：“那咱们以后每天晚饭后快走三千步，一个月以后如果你能适应，咱们再由快走变成慢跑，好吗？”文文听了以后说：“好哇！”就这样，郑丽和文文每天都坚持锻炼，经过一段时间的努力，文文觉得自己确实很少感冒了，她也爱上了运动。

通过这件事，郑丽明白了设置育儿目标的重要性，她也将这个育儿思路用到了其他事情上，她发现不仅是文文，就连她自己也受益匪浅。

暖心提示

望子成龙、望女成凤是天下所有父母的愿望，孩子的心智和经验都不足，在育儿的过程中就需要妈妈来帮助孩子明确方向。帮助孩子明确方向也是孩子自我意识的一种启蒙和觉醒，能让孩子思考自己想要怎样的人生。确定好方向以后，就要朝着自己梦想的方向努力。但是任何目标的达成都不可能一蹴而就，这就需要妈妈帮助孩子设立相应的育儿目标，这些目标就像一个又一个指示牌和里程碑，指引着孩子朝着梦想的方向不断前进，少走弯路，快人一步。

设立育儿目标可以少走弯路，明确方向能够更快实现梦想。

妈妈课堂

如果把每一个孩子比作一粒小种子，那么妈妈就像一个辛勤的园丁，每天都用源源不断的爱浇灌着种子，殷切地期盼着这粒种子能最终变成一棵参天大树。孩子成长的过程也是如此，那么设立育儿目标，明确方向有什么作用呢？

1. 让孩子在成长的路上不迷茫

要想建造一座房子就需要先绘制出图纸，这样在建造的过程中才有据可依，如果没有图纸，随意发挥，将是一件多么危险的事情。育儿也同样如此，设立育儿目标，明确方向能够让孩子在成长的路上不再迷茫，清楚地知道自己努力的路径和最终的目标。

2. 提升孩子的竞争力

明确目标，孩子能够心无旁骛地朝着自己的目标不懈地努力，做事情时就不会出现东一榔头、西一棒槌的情况。此外，设立育儿目标、明确方向就会早一点儿走在路上，成为先行者，积累更多的经验，提升孩子的竞争力，有助于孩子在激烈的竞争中脱颖而出。

3. 使亲子关系更加紧密

设立育儿目标，明确方向这一行为需要孩子和妈妈协作完成，在不断朝着目标进发的过程中，妈妈和孩子就如同并肩战斗的战友，一起披荆斩棘地面对困难和挑战，一起享受目标达成的快乐，这在很大程度上能加深亲子之间的“革命情谊”。

温馨时刻

陈星是一个非常温柔的妈妈，在女儿豆豆的心目中，她既是好妈妈，又是好闺蜜。有一次，陈星和豆豆聊天儿，她问豆豆：“你有什么梦想吗？”豆豆想起了旅游的时候遇到的导游，她说：“我想做一名导游，为人们提供精彩的讲解，带人们领略祖国的壮美河山。”听了豆豆的话，陈星说：“妈妈觉得你这个目标很了不起。但是你知道吗？要成为一名优秀的导游并不容易，需要你有健康的身体、渊博的知识和灵活的应变能力。”豆豆说：“我知道，妈妈。但我还是想做导游。”看着女儿认真的表情，陈星说：“那不如我们设定个目标，慢慢朝着成为一名优秀导游的方向努力，可以吗？”豆豆说："好哇！"陈星和豆豆都是行动派，她们说干就干，定下了每天读书一小时的计划，每周她们还会进行一次徒步锻炼，假期的时候陈星还会带着豆豆一起去各种景点参观游览。经过长时间的积累和学习，豆豆的身体素质得到了锻炼，知识阅历获得了积累，除此以外，她还喜欢上了演讲。小学毕业那年的夏天，她成为市博物馆的志愿讲解员。看着豆豆在一点一滴地朝着自己的梦想迈近，陈星觉得非常欣慰。

看到豆豆的表现，很多人向陈星讨教育儿的方法，陈星说："其实也没有什么诀窍，我只是在了解了豆豆的目标以后，帮助她设置了一些小目标，然后我们共同去努力完成它。"她的这番话给不少家长以启迪。

启迪时刻

故事中的陈星是一位睿智的妈妈，她循循善诱，引导孩子找到自己的梦想，然后设立育儿目标，以孩子的梦想为方向，引导孩子不断努力。在育儿的过程中，每一位妈妈都要怀有“仰望天空，脚踏实地”的精神，一步一个脚印地去达成设立的目标，朝着梦想的方向前进。设立育儿目标能够反映出妈妈目光的前瞻性，也能激发孩子的主观能动性，同时还有利于建立深厚的亲子感情。

妈妈智慧

智慧 1

就像世界上没有两片完全相同的树叶，世界上也没有两个完全相同的孩子。每一个孩子都是一个独特的存在，妈妈需要去用心倾听孩子的心声，了解孩子的个性和特点，根据孩子的特点制定适合他们的目标。

智慧 2

妈妈在育儿的过程中除了要关注孩子的学习成绩以外，还要关注孩子的身体健康和心理健康，使孩子获得全面的发展。同时，妈妈需要有长远的眼光和务实的精神，在育儿的过程中结合孩子的年龄特点制定适合的目标，不能脱离实际，拔苗助长。

智慧3

在设立育儿目标的时候，可以让孩子参与其中，表达自己的看法和期待。这样做能让孩子有参与感，感觉到被尊重，在行动的时候也能充分调动孩子的积极性，有利于目标的达成。

建立家庭支持系统，共同育儿

我们之所以提出“建立家庭支持系统，共同育儿”的育儿理念，是因为团体的力量和优势要远高于个人。对于妈妈而言，这样的育儿模式能让她在育儿路上拥有“盟友”，获得身体的放松和心理上的支持。

情景再现

杨柳是一个全职妈妈，她把自己的全部精力都放在了照顾孩子身上，她为此常感到身心俱疲。不仅如此，她发现儿子林林胆子非常小，不喜欢尝试新事物。一天，她把自己的烦恼告诉了好朋友诚诚，诚诚说：“你之所以感到身心俱疲，是因为你平时总是大包大揽。要知道，育儿不是妈妈一个人的事，所有家庭成员都应该参与其中。林林之所以胆子比较小，也跟林林爸爸在育儿过程中参与得较少有关系。”听了诚诚的话，杨柳醍醐灌顶。

她找机会和林林的爸爸进行了一次深谈，希望林林爸爸也参与到育儿的过程中。听了她的话，林林爸爸觉得很有道理，于是也做出了相应的改变。此后每天吃完晚饭以后，杨柳会独自下楼去散散步、听听音乐，放松一下心情，把时间和空间留给爸爸和林林相处。经过一段时间，林林不再总是黏着妈妈，和爸爸的感情也越来越亲密。周末的时候，爸爸妈妈会带林林出门玩耍，与妈妈的育儿风格不同，爸爸每次都会要求林林自己拿自己的东西，和林林一起去尝试一些在妈妈心目中认为有点儿“危险”的项目。林林最开始还有点儿抵触，但在爸爸的鼓励和陪伴下，林林胆子越来越大。自从林林爸爸开始参与育儿以后，林林家的欢笑声变得越来越多。

暖心提示

“建立家庭支持系统，共同育儿”这一理念强调了团队协作在育儿中的作用。当践行这一理念的时候，妈妈需要用智慧去协调家庭成员之间的分工，保证家庭支持系统的稳定性。面对可能出现的育儿分歧，妈妈要学会理性地分析利弊。通过这一育儿理念，孩子不仅可以获得来自不同家庭成员的爱和关怀，也增加了成长路上的多种可能性。这一育儿理念将家庭成员紧密地联系在一起，促进了家庭内部的和谐和团结，是一种有温度的育儿理念。

建立家庭支持有利于育儿方式的多样化，共同育儿能促进育儿效果的全面性。

妈妈课堂

现代社会中，人们不再把教育孩子的重任加到某一个家庭成员身上，而是选择建立家庭支持系统，共同育儿。就像人需要摄入多种营养才能保证身体健康一样，多个家庭成员共同育儿能够帮助孩子健康成长。那么不同家庭成员可以为育儿发挥什么作用呢？

1. 长辈可以为育儿提供经验

相对于孩子的父母，长辈们拥有更多的育儿经验和生活智慧。当长辈参与到育儿中时，孩子的父母可以少走一些弯路。千万不要小看长辈们那些“土办法”，它们都是在岁月中经过筛选和验证才流传下来的，很多都行之有效。此外，长辈参与育儿会怀有“隔辈亲”的情节，他们对孩子的照顾无微不至，孩子可以享受到更多的爱。

2. 父母可以在育儿中相互协作

父母是育儿的主力军，双方共同参与育儿，分工合作，能够有效地减轻对方的负担，增进夫妻感情，也有利于亲子关系的建立和增进。此外，爸爸和妈妈之间能发展出更多共同语言，在育儿的时候理念一致，各尽其才，为孩子的成长创造良好的家庭氛围。

3. 兄弟姐妹可以为育儿提供助力

兄弟姐妹参与育儿可以增进彼此之间的感情，对于大孩子而言，可以培养他们照顾弱小者感受的品格；对于小孩子而言，跟着大孩子学习和玩耍可以使他们增长知识和技能。

温馨时刻

王岚觉得自己生活得幸福，这种幸福不仅是因为家庭成员之间的关系和谐，更是因为在育儿这件事上全家人的共同参与。

王岚在即将结束产假的时候，有非常严重的分离焦虑。丈夫看出来她的焦虑以后，对她说："不要着急，育儿是咱们全家共同的事情。妈说让你安心去上班，她和爸周一到周五会来帮咱们照顾孩子，晚上和周末我们来陪伴孩子，这样全家都能参与育儿。"听了老公的话，王岚的心里舒服多了。

就这样，周一到周五的时候，爷爷奶奶负责照顾孩子。奶奶主内，负责料理家务和给皓皓做各种营养餐；爷爷主外，负责每天带皓皓进行户外运动。在皓皓爷爷奶奶的帮助下，王岚和老公平时忙工作，闲暇的时候陪伴孩子。在这样其乐融融的家庭氛围中，皓皓的身体健康，性格也活泼开朗。王岚常感觉自己既幸运又幸福，因为她的家庭成员相亲相爱，在育儿这件事上没有人袖手旁观，都在为孩子的健康成长努力着。

转眼之间，皓皓到了上幼儿园的年龄。皓皓在学校里不挑食、有礼貌，受到了老师们的一致表扬。期末家长会的时候，学校邀请王岚作为家长代表去分享育儿经验，王岚说："皓皓之所以能够健康成长，是我们全家构筑了一个坚实的家庭支持系统，每个人都参与其中。"

启迪时刻

随着时代的进步和大众育儿理念的更新，传统的女性负责“相夫教子”的育儿观念逐渐不被大众认同。像故事中王岚的家人们一样，越来越多的人认识到育儿是一个需要家庭成员共同参与的事情，从而选择建立家庭支持系统，共同育儿。这种育儿模式使家庭成员的感情更加亲密，身处这样和谐的氛围之中，孩子不仅可以收获更多的爱，并且能够茁壮地成长。

妈妈智慧

智慧 1

我们常说团结就是力量，要想建立家庭支持系统，首先家庭内部成员必须相互理解和包容，形成强大的凝聚力，这样才更容易达成期望的育儿目标。当家庭成员发生矛盾的时候，要心平气和地沟通解决，避免矛盾积压，构建和谐的家庭氛围。

智慧 2

即使是生活在同一个家庭，家庭成员的性格、特长、时间安排也会有所不同，建立家庭支持系统的时候，要明确所有成员各自的分工，每个人都应该各司其职，互相合作，保证育儿系统有条不紊地运转。

智慧3

要想共同育儿，家庭成员就要有共同的育儿理念。为了维护家庭支持系统的稳固性，家庭成员内部可以定期举行一些家庭会议，对一段时期内的育儿成果和面临的问题进行复盘。此外，家庭成员还可以一起学习育儿知识，共同进步。

做到以上几点，家庭成员才能够在和谐快乐的氛围中共同建立稳定的家庭支持系统，快乐育儿。

培养正念，享受与孩子相处的每一刻

现代社会的压力大，很多人都因为忙于工作而没有时间和精力去陪伴孩子。其实，对于孩子的陪伴在“精”不在多。这里的“精”指的是投入全部身心的有效陪伴。要想做到这样，就需要我们培养正念。

情景再现

吴琼是一名销售主管，每天的工作都很繁忙，经常下班以后还要在书房里改方案，出差也是家常便饭，因此对孩子的关注度很低。女儿可可想要找她一起聊天儿或者做游戏的时候，她总是以工作忙为由拒绝孩子。

一天，可可的老师打电话问吴琼为什么没有参加孩子的少先队入队仪式，吴琼说自己根本不知道这件事。下班以后，吴琼问可可为什么没有告诉自己学校要求家长参加活动的事情。可可满脸失落，小声地说：“我每次找你，你都说没有时间，所以我想这次应该也一样吧！”看着可可委屈的表情，吴琼的心理五味杂陈。自己因为工作确实忽略了孩子的成长，孩子的童年只有一次，错过了就再也回不去了。想到这里，她对可可说：“可可，对不起，是妈妈的错。妈妈因为工作忙对你忽略太多，从今以后，妈妈一定多参与你的成长。”可可听了以后高兴地笑了。

此后，吴琼开始将工作适当地分配给下属，自己每天不管多忙都会心无旁骛地陪可可聊一聊天儿，周末抽出来一天的时间陪孩子去做她感兴趣的事情。慢慢地，可可变得活泼开朗了起来，遇到什么有趣的事情都愿意和她分享，她也在全身心陪伴孩子的同时感受到了久违的单纯和快乐。

暖心提示

正念原本指的是将全部的精神和思想固定在某一对象

上。在育儿的过程中，我们也需要这种正念。在生活中，我们做事讲究追求效果，培养正念可以让我们在育儿这件事上达到最佳的陪伴效果。孩子们具有非常敏锐的感知能力，当你敷衍他们的时候，他们能清楚地感受到并为此感到失落。所以，在育儿的过程中，妈妈要全身心地投入，去倾听孩子的声音，见证他的成长，这样不仅孩子会感到幸福和满足，你也会在这陪伴中收获很多美好。

培养正念是良好沟通的基础，
培养正念是有效陪伴的前提。

妈妈课堂

枯木逢春犹再发，人无两度再少年。每个孩子从呱呱坠地到长大成人的时光转瞬即逝，并且无法复制和重来。因此，在育儿的过程中我们必须要培养正念，否则我们会错过孩子成长中许多稍纵即逝的美好。那么，培养正念有什么作用呢？

1. 拉近亲子关系

妈妈的陪伴是很多孩子安全感和幸福感的来源，培养正念可以让我们全身心地投入育儿，能够让孩子感受到被重视和被爱，提升孩子的幸福感。高质量的陪伴更有利于亲子双方敞开心扉，建立深厚的感情。

2. 帮助我们重拾宁静和快乐

现代社会人们普遍心理压力大，当我们沉浸在与孩子相处的时光里，孩子们的单纯无邪总能够带给我们很多简单的快乐，驱散我们心中的疲惫，让我们从内心深

处感受到宁静和快乐。

3. 培养孩子的专注力

培养正念实际上是在培养专注力。在孩子成长的过程中，父母是孩子最好的老师。如果妈妈能够全身心陪伴孩子，这种专注的精神也会感染到孩子，成为让孩子终身受益的好品格。

温馨时刻

李梅为了让自己的儿子飞飞能接受到更好的教育，她每天都忙着挣钱。

一天，飞飞的语文老师把飞飞的作文拍照发给了李梅，作文里是这么写的："我的妈妈是一个勤劳的妈妈，每天都在为了家庭奋斗。妈妈说她一定要努力赚钱，为我准备充足的教育基金。虽然我理解妈妈，但是相比于金钱，我更希望妈妈能多陪陪我。"看了飞飞的作文，李梅很震撼，因为这些话孩子从来没对自己说过。回想自己这几年每天起早贪黑地工作，除了挣钱，给孩子的陪伴太少了。她决定做出一些调整，多陪陪孩子。

周末的时候，飞飞还在睡梦中，李梅就敲门叫他起床。她对飞飞说："飞飞，今天天气不错，我们去爬山吧！"听了妈妈的话，飞飞吃惊地说："真的吗？您今天不用去工作吗？”李梅笑了笑说：“当然是真的，不仅这个周末妈妈陪你去爬山，以后的周末妈妈都会尽量抽出时间来陪你学习和玩耍的。”飞飞高兴地说：“太好了，我这就换衣服出发！”

爬山的时候，飞飞的心情格外好，话匣子也打开了，李梅发现儿子原来并不内向，只是自己平时对他的有效陪伴太少了，还好现在发现还来得及。从此以后，李梅经常抽出时间来陪伴飞飞，当她怀着正念去陪伴孩子的时候才发现相比于挣更多的钱，这些亲子时光更珍贵。

启迪时刻

在生活中，很多妈妈会陷入和故事中的李梅一样的育儿误区，认为自己挣到更多的钱才能让孩子生活得更幸福。其实不然，孩子的思想和需求都很单纯，他们对于陪伴和爱的需求是超过金钱的，这也就造成了妈妈的给予和孩子的需求出现南辕北辙的局面。在育儿的过程中，我们一定要培养正念，全情投入珍贵的共处时光，给予孩子最纯粹而珍贵的爱和关怀，享受与孩子相处的每一刻。

妈妈智慧

智慧1

在育儿的过程中，妈妈要学会倾听并适时地给予孩子回应，表达对孩子所说话题的关注和兴趣，例如“比如呢”“然后呢”“我也是这么想的”等，不要敷衍了事或者毫无反应，这样会挫伤孩子表达想法的积极性。

智慧2

寓“正念”于乐，通过一些妈妈和孩子可以共同参与的小游戏来提升孩子的专注力和耐心，让他们在快乐的氛围中感受正念。比如，可以通过玩飞盘、冥想或者找两张图片的不同等形式来培养正念，拉近亲子关系。

智慧 3

人非圣贤，孰能无过！在孩子的成长过程中，犯错是在所难免的。虽然犯错本身不是一件好事，但犯错也有正面意义，比如会让孩子迅速成长。当孩子犯错的时候，妈妈要怀着包容的正念去处理问题，积极地引导孩子解决问题，并教导孩子从中吸取教训，让孩子更有勇气直面错误，不逃避、不退缩。

妈妈加油站

静谧之心，是育儿旅程中最温柔的起点，它如同晨曦初照时分的宁静，为每一位即将转换为母亲角色的新手妈妈，铺就了一条通往孩子心灵深处的温馨小径。

在这个快节奏的社会里，保持一颗静谧之心，意味着在繁忙与喧嚣中寻得一片属于自己的宁静之地。作为妈妈，您将肩负起引导小生命成长的重任，而这份责任的起点，便是学会与自己对话，让心灵回归平静。在静谧中，您能更加敏锐地感知孩子的需求与情感，用一颗温柔而细腻的心去呵护他们每一个成长的瞬间。

育儿之路虽长且不易，但请相信，静谧之心能赋予您无尽的力量与智慧。它让您在面对孩子的哭闹与调皮时，能够保持冷静与耐心，用爱与理解化解一切困扰；它让您在陪伴孩子成长的岁月里，学会倾听与观察，发现他们身上的闪光点，鼓励他们勇敢追求自己的梦想。

因此，亲爱的妈妈们，请珍惜并守护好你们内心的这份静谧。让它成为你们育儿路上的灯塔，照亮你们与孩子共同前行的道路。在静谧中孕育希望，在希望中见证成长，让母爱如涓涓细流，滋养孩子的心田，陪伴他们茁壮成长。

第二章

深入了解，与孩子同行

了解孩子，就是要用心去听他们说的每一句话，看他们的每一个小动作，感受他们的情绪变化。和孩子一起成长，默默地守在他们身边，给他们鼓励，也接受他们的帮助。这样，我们与孩子才能更加紧密地连接在一起，共同面对生活的起起伏伏。

学会倾听，做孩子的朋友

如果一个家庭中，妈妈不懂得倾听，那亲子关系就可能变得疏远。因为倾听对于孩子来说至关重要，它能够拉近与妈妈的距离。孩子需要妈妈耐心地倾听自己表达，感受他们的内心，这样他们才愿意分享。忽视了倾听，孩子就会疏远，家庭氛围也会变得冷清。

情景再现

梅梅常常感到很孤独，她总觉得妈妈根本不理解自己。跟妈妈之间的交流日益减少，妈妈虽然察觉到了女儿的变化，却不知该如何去打破这种僵局，让彼此的关系重新恢复亲密无间的状态。

这一切的根源都要从那些一次次令梅梅失落的日常交流说起。有一天放学后，兴高采烈的梅梅回到家，看到妈妈正忙着做家务。她满脸笑意地走到妈妈身边，说道：“妈妈，今天有个好消息，我们组的组长，也就是我的同桌，被老师表扬了，我们都为他高兴。”然而，妈妈只是抬头看了她一眼，说道：“哦，那是他的事，老师又没有表扬你。”

梅梅本想接着说些什么，可妈妈已经转身继续去忙碌了，并且还不耐烦地说道：“你作业写完了吗？快去写吧，别在这儿站着碍事了。”梅梅脸上的笑容逐渐消失，她感觉心里像被什么堵住了，她明白妈妈没有理解自己的心情，甚至都没给自己机会多说一说。这样的情况并非第一次出现，渐渐地，梅梅越来越不愿意和妈妈分享自己的心情与想法，因为她深知，即便说了，妈妈也不会真正用心去倾听，而只会用那些简单敷衍的话语来回应她。

暖心提示

很多妈妈常常吐槽：“孩子不想跟我说话”“孩子总把事

儿藏着掖着”，但她们很少探究其中的缘由。其实，每个孩子一开始都是愿意跟父母交流的，只是常常被父母有意无意地堵住了交流的通道。

从心理学来讲，把心里的想法说出来能减轻甚至消除心理压力，当心里有烦恼和难题的时候，找个合适的人倾诉一番是个很好的缓解办法。倘若妈妈一次又一次将孩子的倾诉之门关闭，孩子就会想：“妈妈不明白我，我说什么她都反对，那我为什么还要和她沟通呢？”所以，妈妈们要学会自我反省，别让孩子失去了交流的心思。

倾听是一种优秀的交流手段，
能够打开并照亮孩子内心的世界。

妈妈课堂

妈妈不仅要会跟孩子交流，更要学会倾听孩子的心声。只有真正用心去聆听孩子的心声，才能够与孩子平等相处，才能理解孩子，走进孩子的世界。那么要学会倾听，妈妈们应该怎么做呢？

1. 从“说”到“听”的角色转换

在亲子关系中，我们常常习惯于扮演“传达者”的角色，给予孩子指导和建议。然而，真正有效的沟通，往往始于“听”。倾听，是现代育儿智慧的重要一环，它要求家长们放下成见，以开放的心态去接纳孩子的声音。这种角色的转换，不仅体现了对孩子的尊重，也为亲子关系建立了更加平等和谐的交流机会。

2. 全身心地去倾听

倾听并非简单地听，而是需要全身心地投入。当孩子向我们倾诉时，我们应该放下手中的事务，给予他们足够的关注和时间。通过眼神交流、肢体语言的表达，我们可以传递出对他们的尊重和理解。这种专注的倾听，能够让孩子感受到被重视和珍视，从而更加愿意敞开心扉，与我们分享他们的内心世界。

3. 给予孩子积极的反馈

倾听不仅是为了获取信息，更重要的是为了建立情感连接。在孩子倾诉完毕后，我们应该给予积极的反馈，以示我们对他们情感的理解和共鸣。这种反馈可以通过语言、表情和肢体动作等多种方式来实现。同时，我们也要鼓励孩子继续表达自己的想法和感受，培养他们的自信心和表达能力。

温馨时刻

张惠站在卧室的门口，看着正在认真读书的小刚。她不禁想起前些天那个特别的场景，心中感慨万千。

那天，小刚哭着跑回家，满脸委屈，他哽咽着对张惠说："妈妈，我不想去学校了，老师批评我了。"原来，在绘画课上，小刚和同学开玩笑，在同桌晓丽的画册上画了一只小乌龟。老师批评了他，还让他拿着自己画的小乌龟站了一节课，同学们都纷纷笑话他。

平常碰到这类状况，张惠总会忍不住数落小刚几句，然后说上一堆大道理。但这次，张惠由于喉咙不适，医生要求她不要说话，保护咽喉一周。所以，她没有说话，只是关切地看着自己的孩子，然后温柔地把他搂进怀里，静静地安慰他。

安静了一阵子后，小刚似乎从妈妈的怀抱中感受到了力量。他慢慢站直了身体，擦了擦眼泪说道："妈妈，我想明白了，我不应该在晓丽的画册上乱画。虽然老师当着全班同学的面批评了我,但老师也是为了我好。我现在心情好多啦，我先去看会儿书。"说完他便开心地走开了。

这次意外的沉默，让张惠有了深刻的感悟。她意识到，在亲子关系中，有时候倾听比说话更加重要。倾听可以悄悄开启孩子内心深处的心门，能够让孩子感受到被理解和被尊重，从而增进彼此之间的亲近感。

启迪时刻

故事中的妈妈因为一次生病的经历，意外地领悟到，专注且认真地倾听孩子的话语，其力量远远超过了无休止的唠叨和说教。在和孩子的交流中，善于倾听的妈妈有着温柔且敏锐的感知力，能关注到孩子话语里的细微之处。她不仅会用鼓励的话让孩子自由表达，还通过这种专注显示出对孩子个人价值的尊重。这样的交流在不知不觉中培养了孩子自主成长的能力。所以，不管生活有多忙碌，妈妈都应该抽出一些空闲的时间，全心全意地当孩子的听众。这种全神贯注的倾听，就是打开孩子内心的钥匙。这样一来，教育的路途上，那些看似复杂的难题，往往能在这种温馨而深入的交流中自然而然地找到解答。

妈妈智慧

倾听孩子的话语对妈妈来说是一项关键的技能，只有学会用心去听孩子说话，妈妈才能和孩子构建起良好的沟通关系。

智慧 1

当孩子满心期待地想要和妈妈交流时，妈妈应当毫不犹豫地停下手中正在忙碌的事务。将全部的注意力都集中在孩子身上，用心倾听他们说的每一句话。这种及时的响应会让孩子深切地感受到自己在妈妈心中的重要地位，从而激发他们更积极地分享生活中的点点滴滴。

智慧 2

在倾听孩子倾诉的过程中，妈妈不能只是被动地接收信息，而应保持一种学习的态度，孩子的观点和看法可能会给妈妈带来意想不到的启发。另外，妈妈对孩子的关爱不能仅仅停留在言语上，更要通过实际行动来表达。一个温暖的拥抱、一个鼓励的眼神、一次轻柔的抚摸，都能让孩子真切地感受到妈妈的爱和支持。

观察孩子成长，捕捉细微变化

孩子成长的过程循序渐进又充满微妙之处，其中的细微改变珍贵无比。妈妈要做到眼尖心细，留意孩子行为习惯的变化，这或许是其价值观逐渐形成的信号；关注孩子表情的变化，从而洞察他们的内心情绪。

情景再现

张悦是一位细心的妈妈，她会仔细观察儿子小轩成长中的每一个改变，并相应改变自己的教育方式。

张悦发现，小轩的每一次尝试和挑战，都让他的思维和能力在不知不觉中进步。有一次，小轩想学骑自行车，开始时他总是摔倒，还哭着说："妈妈，我学不会是不是太笨了？"张悦鼓励他道："宝贝，多尝试几次，你一定可以的。"慢慢地，小轩能骑一段距离了，兴奋地喊："妈妈，我会啦！"张悦留意到，小轩在学骑车的过程中从一个畏难的小男孩儿变成一个迎难而上的大男孩儿。

小轩刚上小学的时候特别害羞，还很依赖别人，要是在学校被同学欺负了，就只会回家在妈妈面前哭。但张悦温柔地告诉他，要学会坚强，勇敢地告诉别人自己的感受。慢慢地，当小轩再遇到这样的情况时，他能大声地对欺负他的人说："你不能这样欺负我！"现在，小轩变得自信多了，他不仅能勇敢地表达自己的感受，还学会了怎么和朋友们建立深厚的友情。

在张悦看来，小轩的每一个小小变化都特别宝贵、特别独特。她用心体会着这份成长带来的快乐，也更加明确自己作为妈妈的责任和使命，那就是用爱陪伴孩子长大，用智慧领着孩子往前走，让孩子的未来充满希望。

暖心提示

妈妈应密切关注孩子，注意观察他们日常的种种变化。

如孩子是否掌握了新的技能，是否产生了新的兴趣爱好，情绪方面的起伏波动等。这些看似微小的变化，实则皆是孩子成长的重要信号。为此，妈妈需加强与孩子的日常交流，体会他们的感受。唯有如此，方能更有效地陪伴孩子，为其健康成长提供有力的支持，使孩子在关爱与引导下，茁壮成长，拥有美好的未来。

细微变化见证孩子成长的足迹，善于观察才能捕捉孩子成长点滴。

妈妈课堂

孩子的成长犹如一次独特的旅行，妈妈作为一路相伴的贴心人，要不断地观察孩子的成长情况，并依据他们的变化来调整自己的教育方式。

1. 留意细微之处，助力成长

孩子成长中行为上的细微变化，以及情绪上那些不易察觉的波动，都是内心世界与外界沟通的无声语言，反映出他们内心深处的想法与感受。妈妈若能时刻留意，就能凭借敏锐的洞察力捕捉到孩子成长的信号，及时给予支持和引导，为孩子的健康成长添砖加瓦。

2. 善于发掘，激发潜能

每个孩子都好似一座未被完全开发的宝藏，等待着被发掘。身为孩子最亲近的人，妈妈有着独特的眼光和敏锐的感知。在陪伴孩子成长的过程中，妈妈应该及时了解孩子的兴趣所在和特长优势，进而为孩子量身定制成长路径。这样做不仅可以激发孩子的内在潜力，还能让孩子在自己热爱的领域发光发热，充分展现自身的价值。

3. 共同进步，优化关系

孩子的成长是一个持续演变的动态过程，这要求妈妈需具备高度的适应性。在教育孩子的过程中，妈妈应当勇于自我审视，不断反思自己的教育方式是否得当，是否满足了孩子的成长需求。通过自我调整，妈妈可以灵活改变教育策略，以更加适合孩子的方式进行引导。

这是一段孩子与妈妈相互扶持，共同成长的旅程。

温馨时刻

莉莉是一位心思细腻的妈妈，她细心关注着儿子小丘成长中的每一个细微变化。

春夏秋冬，季节不断变换，小丘的好奇心和兴趣也随之改变。春天的时候，小丘在家中各个角落探寻生命的迹象，对自然界的奥秘充满好奇。莉莉注意到了，就通过书籍和实践活动巧妙地引导他，满足他的探索欲望。

夏天来了，小丘对园艺产生了兴趣，亲自播种，精心照顾，盼着种子发芽长大。莉莉不但鼓励他，还和他一起学习园艺知识，母子俩一起享受着温馨的时光。那些幼苗在他们的精心呵护下，长得绿油油的，成为家里一道漂亮的风景。

到了秋天，小丘的努力有了收获。他种的植物开花结果了，他兴奋地拉着莉莉分享这份快乐和成就感。莉莉看着小丘的成长与变化，心中充满了欣慰与骄傲。

冬天虽然寒冷，可小丘的成长没有停下。他开始学会关心他人，知道妈妈的辛苦。看到莉莉正在忙碌，他会主动帮忙，用小小的举动表达对妈妈的爱和感激。这让莉莉特别感动，她明白儿子在慢慢长大，逐渐变成一个知道感恩、会关心人的孩子。

在小丘的成长过程中，莉莉始终陪伴在孩子的身边，用满满的爱和耐心，记录下小丘的每一个变化。每一个小小的改变，对莉莉来说都无比珍贵。因为她知道，这些变化是小丘成长的见证。

启迪时刻

故事中的妈妈仿佛有一双智慧的眼睛，能在第一时间观察到孩子的兴趣点。她没有因孩子兴趣的转变而批评指责，反而鼓励自己的孩子勇敢地去探索。孩子的兴趣往往丰富多样且充满变化，这就要求妈妈用心去感知孩子在成长过程中的每一丝微妙的变化。只有这样，才能在关键的时刻给出恰如其分的指引，让孩子在成长的路上走得愈加坚定和踏实。

妈妈智慧

在孩子的成长过程中，细心关注孩子全面发展的每一个细节，是每一位妈妈的重要任务。

智慧 1

孩子的身体成长是发展的基础，需高度重视。定期对孩子的身高、体重等关键指标进行测量，并做好详细的记录。如果发现孩子生长迟缓，妈妈需要找出具体的原因，如营养摄取是否均衡、运动量是否充足等。作为妈妈，需要留心观察孩子的身体发育状况。

智慧 2

孩子的情感世界丰富而敏感，需要用心关注。通过孩子的表情、神态，我们能洞察其内心的喜怒哀乐。当孩子遭遇挫折时，妈妈应给予温暖的安慰和鼓励，培养其坚强勇敢的品质。同时，耐心倾听孩子内心的声音，深入了解他们的想法和感受，促进亲子间的沟通与相互理解。

智慧 3

学习知识是孩子成长的重要环节，妈妈要发挥积极的引导作用。对于学习，不能只看考试成绩，更要关注孩子的态度和方法。比如是否主动思考、积极复习。鼓励孩子探索未知领域，能激发其求知欲和好奇心。此外，帮助孩子制订合理的学习计划和目标，让他们更有方向和前进的动力。

尊重孩子的个性，鼓励自我表达

为了孩子能够茁壮成长，妈妈需营造一个安稳的环境，让孩子敢于表达真实想法。同时，要接纳孩子的独特性格，多多倾听他们的心声，并且支持他们去做喜爱的事情。这样，孩子才会更自信，也更有创造力，为他们以后的人生道路奠定基础。

情景再现

小翔自幼对手工艺品和机械装置兴趣浓厚。在幼儿园，别的孩子玩积木、玩偶，他却常围着汽车、挖掘机转，对那些机器部件十分好奇。

进入小学后，一次偶然的机会，小翔看到电视上的机器人竞技比赛，这一下就点燃了他心里的热情。从那以后，他便利用家里的废旧物品动手打造属于自己的“机器人伙伴”。尽管这些作品略显粗糙，但小翔乐在其中，享受着创造的乐趣。

小翔的妈妈很快就发现了孩子这方面天分。尽管让孩子长时间沉浸在机器人的世界中会影响学业，但看到小翔在制作时的那份专注与喜悦，她决定全力支持。她四处收集资料和材料，还时常陪伴在小翔左右，和他一起攻克一个又一个难题。

当学校宣布举办科技创意大赛时，小翔既兴奋又紧张。他渴望展示自己的作品，却又担心自己无法赢得荣誉。妈妈察觉到了他的不安，鼓励他说："孩子，勇敢去做，你的努力和热爱无比珍贵，无论能不能获奖，你都是妈妈的骄傲。"在妈妈的鼓励下，小翔勇敢地报了名，全心全意地投入作品的创作中。

比赛当日，小翔自信地走上舞台，展示自己的作品。凭借作品的创新性小翔脱颖而出，拿下了第一名的好成绩。这使小翔的成就感爆棚，也进一步坚定了他在机器人创作这条路上一往无前的决心。这背后，妈妈的尊重与支持功不可没。

暖心提示

每个孩子都是独特的存在，在孩子的成长过程中，我们不能把他们往同一个模子里塞，而要细心地发现他们的特别之处。比如，有的孩子对音乐旋律很敏感，有的很擅长画画。我们应该给孩子提供展示的舞台，鼓励他们多思考、多表达，让他们自由地展现自我。因为让孩子勇敢地发出自己的声音，闪耀个性光芒，是为他们塑造自信人生的关键。只有这样，孩子才能健康成长，变得自信、独立且富有创造力。

尊重孩子的每一个独特之外，让个性自由翱翔，鼓励孩子自由表达，让心灵之声成为成长的旋律。

妈妈课堂

孩子的成长是一场独特的旅程，身为妈妈在其中扮演着至关重要的角色。尊重孩子的个性，鼓励他们自由表达，是给予孩子最好的礼物。对此，妈妈可以从以下方面着手。

1. 稳固的亲子关系，尊重奠定基础

在孩子的成长过程中，妈妈应当尊重孩子的想法和感受，这是建立稳固亲子关系的关键。当妈妈以尊重的态度对待孩子，认真倾听他们的心声，理解他们的喜怒哀乐，孩子便能真切地感受到被重视和被关爱。这种尊重就如同温暖的阳光，照亮孩子的心灵，让他们在充满爱与信任的环境中成长。

2. 鼓励独立思考，个性激发潜力

妈妈要积极鼓励孩子独立思考，勇敢表达自己的想法。每个孩子都是独一无二的，拥有独特的个性和思考方式。孩子在不断探索和尝试的过程中，妈妈尊重孩子的个性，不强制他们遵循既定的模式，能让孩子更加自由地发挥。这样，孩子才能更好地学会分析问题、解决问题，从而充分激发内在的潜能和创造力。

温馨时刻

小花性格内向，不过内心世界特别丰富。在学校里，她老是一个人坐在角落里，静静地看着周围热闹的一切，从不参与小朋友的讨论。上课时，她也不怎么积极发言，但其实心里有着好多新奇的想法，只是因为害羞，一直没有说出来。

小花的妈妈特别尊重小花，为了让小花能勇敢地把心里的想法说出来，妈妈用心准备了一个本子，本子的封面是小花最喜欢的白雪公主。妈妈把本子递给小花，温柔地对她说："宝贝，这里面可以写下你所有的奇妙想法哟。"小花接过本子，眼睛里闪着兴奋和感激的光。

从那以后，这个本子就成了小花最好的朋友。不管是那些大胆的想象，还是细腻的小心思，小花都一笔一画地写在本子上，让这些文字变成她跟外面世界交流的通道。妈妈也总是很有耐心地听小花讲，不但认真看小花写的每一页内容，还会用鼓励的话引导小花更自信地表达自己。

启迪时刻

故事中的妈妈知道自己的孩子性格内向，她没有强迫孩子去社交，而是立足于孩子的兴趣，鼓励孩子用专属于她自己的方式去表达自我。孩子如同幼苗，每一棵都有独特的生长方向与方式。我们应该用心去理解孩子的内心世界，给他们提供适宜的环境与机会。每个孩子都是独一无二的，他们拥有各自的喜好、逻辑以及多样的梦想。当家长尊重他们的个性，不强行矫正时，他们能更自由地探索世界，发现自己的价值。

妈妈智慧

孩子是未来的希望，是未来的花朵。想让孩子茁壮成长，成为自信、独立且有个性的人，尊重孩子的个性并鼓励其自我表达是关键。

智慧 1

在家庭中，孩子像小树苗一样成长，需要家长的关爱和细心引导。妈妈应当耐心倾听孩子的声音，不论是小小的烦恼，还是天马行空的想法。这意味着妈妈要暂时放下手头的事情，全心全意地关注孩子，让他们感受到被理解和被重视。这样，不仅能够加深亲子间的关系，也让爱在家庭中传递得更深、更远。

智慧 2

在家庭中，妈妈应将孩子视为平等的伙伴，无论是日常事务还是重要决策，都应主动询问他们的意见。这样不仅增强了孩子的参与感和归属感，更是一个潜移默化引导孩子学会独立思考、勇于表达自己的过程。随着时间的推移，孩子的个性将得到充分的展现，他们学会了如何在尊重他人的同时也坚持自我，成长为有主见、有担当的人。

智慧 3

在家庭中，要鼓励孩子大胆表述自己的想法和感受。不管是快乐还是悲伤，我们都应给予同等的重视与倾听。当孩子鼓起勇气，跨越内心的障碍，将真实的想法说出时，我们应给予肯定与鼓励。这一过程不仅是孩子情感的释放与满足，更是他们自我认知与成长的重要环节。在表达与倾听之间，孩子学会了如何以更加清晰、坚定的方式表达自己的观点，同时也学会了倾听他人的声音，理解不同的思想与立场。

共情孩子的情绪，给予温暖的拥抱

孩子成长的过程中，我们应该试着走进他们的世界，真正去了解他们的内心世界。由于孩子的大脑还没有完全发育完成，加上他们缺乏足够的生活经验和应对技巧，所以他们往往无法更好地掌控自己的情绪。不管孩子有怎样的情绪，我们都要毫无保留地接纳，并试着去理解他们的感受，应该让他们知道家是一个可以放下所有防备，做真实自己的地方。

情景再现

在一个周末的清晨，李阳像一只活泼的小松鼠，在公园里欢快地穿梭。突然，一个色彩绚烂的风筝引起了李阳的注意，“妈妈，那个风筝好漂亮啊，您能给我买一个吗？”他向妈妈央求道。

李阳妈妈瞧了瞧风筝，又看看李阳那满是期盼的眼神，心里虽稍有迟疑，但还是决定满足他。于是，两个人一同走向卖风筝的小摊，买了一只漂亮的风筝。

李阳接过妈妈新买的风筝，开心得跳起来，拽着妈妈的手就朝着草地奔去，急切地想要放飞它。然而，这风筝似乎存心捣乱，任凭李阳如何努力，它只是在地上蹦跶几下，根本飞不起来。李阳的神情慢慢变得沮丧，眉头紧锁，眼看就要哭了。

这时，李阳妈妈走过来，蹲下身，温柔地说道："宝贝，别急，放风筝是有技巧的。你要先看风向，再慢慢放线，风筝才能飞起来。"说着，李阳妈妈接过风筝，给李阳示范了一遍。在妈妈的帮助下，李阳终于掌握了放风筝的窍门。他再次拿起风筝，迎着风跑了起来。这一次，风筝真的飞起来了！

看着风筝越飞越高，李阳的脸上绽放出了灿烂的笑容。

他转身扑进妈妈的怀里，满含感激地说：“谢谢妈妈。”妈妈紧紧地搂住他，温柔地说道：“宝贝，要记住，不管碰到什么困难，都不要轻易认输。妈妈会一直在你身边支持你的。”

太阳下山了，这对母子手牵着手，拿着风筝，载着满满的快乐踏上了回家的路。虽然这一天很平凡，但对李阳来说，却是一个充满快乐的日子。

暖心提示

孩子的内心纯净又脆弱，他们的情绪起伏不定。不要忽视孩子的每一次情绪表达，用温暖的怀抱接纳孩子，为其营造一个充满安全感的港湾。孩子开心时，陪他们尽情欢笑；孩子伤心时，给他们温暖的拥抱；孩子生气时，先耐心地听听他们的想法。理解孩子的情绪，是打开他们心灵之门的关键。

孩子的情绪是真实的，值得我们用心去感受。
一个温暖的拥抱，是理解孩子最直接的方式。

妈妈课堂

孩子的成长是一场奇妙之旅，妈妈在其中扮演着不可或缺的角色。妈妈的每一个举动、每一句话，都可能成为孩子人生旅程中的重要节点。对此妈妈们该怎么做呢？

1. 理解与拥抱，孩子心灵的支撑

在孩子的世界里，妈妈的理解是重要的存在。妈妈的拥抱给孩子强大的安全感。这种安全感让孩子有信心并勇敢地去探索新事物，敢于面对生活中的各种困难。当孩子进入新环境或遭遇挑战时，妈妈的鼓励与支持能为他们指明方向，让孩子勇敢前行。

2. 爱与包容，孩子的好榜样

妈妈的言行是孩子形成良好品格的重要参照。在家庭中，父母之间相互关爱、尊重，对孩子无私地付出爱，让孩子在充满爱的环境中成长，他们便能懂得如何去爱他人。当孩子犯错时，妈妈的包容而非严厉斥责，会让孩子明白犯错并不可怕，重要的是勇于面对和改正。在

这种榜样力量的影响下，孩子将逐渐形成良好的品格，学会以积极乐观的态度面对生活中的种种挑战，成为一个有温度的人。

温馨时刻

莫利站在院子的角落里，手中死死地抓着跳绳。对于她而言，跳绳无疑是一项艰巨的挑战。她神情沮丧，那跳绳也仿佛存心作对，老是在她脚下绊来绊去，计数器上的数字也停滞了。而周围的其他孩子则动作娴熟，欢笑声此起彼伏。这欢乐的场景让莫利的心里特别不是滋味。

这时候，妈妈走过来，慢慢蹲下，轻声地对莫利说：“莫利，碰到难题啦，是不是这跳绳不太听你的指挥？”

莫利眼眶有点儿湿润，点了点头说道：“妈妈，我总是掌握不好跳绳的节奏，一分钟连 50 个都跳不了，别人都跳得又多又好，我是不是太笨了？”

妈妈伸出手，紧紧地握住莫利的手，说道：“宝贝，任何人在学习新事物的时候都会遭遇困境。妈妈当初学习跳绳的时候，状况比你还糟糕，一分钟才跳 40 多个，你可比妈妈强多了。你现在能跳 50 个，只要坚持练习，说不定很快就能跳到 100 个了。我们可不能轻易放弃，对吧？”

莫利抬起头，望向妈妈，从妈妈的话语中感受到了深深的理解与支持。妈妈接着说：“莫利，跳绳跳了多少没关系的，关键是你勇敢去试，还能一直坚持。在妈妈心里，你每次努力都特别棒。”

说完，妈妈给了莫利一个深情的拥抱，这个举动瞬间驱散了莫利心头的阴霾。莫利抹去眼角的泪水，再次拿起跳绳，尽管动作仍显笨拙，但其眼神坚定无比。

自那以后，每当莫利面临难题或者挑战时，都会回忆起妈妈的那个温暖拥抱，还有妈妈那句“你努力了就很棒”。这些温馨的瞬间就像指路明灯一样，照亮了她前行的道路，让她变得越发坚强自信。

启迪时刻

故事中的妈妈敏锐地察觉到孩子因跳绳表现不佳而情绪低落。她用理解和支持，与孩子共情，让她重新振作起来。在孩子的世界中，情绪就像多变的天气，时而阳光灿烂，时而乌云密布。作为妈妈，共情孩子的情绪至关重要。当孩子遭遇挫折，情绪低落之时，我们只需将他们紧紧地拥入怀中，让他们感受到那份无条件的接纳和爱，让他们有足够的力量去面对未来的风雨，也让他们懂得如何去爱与被爱。

妈妈智慧

每位妈妈都希望给予孩子最好的成长引导。在孩子的情绪世界里，妈妈拥有两大智慧法宝。

智慧 1

作为妈妈，要有敏锐的感知力，留意孩子的一举一动。孩子的肢体姿态、面部表情和眼神变化，都能反映其内心想法。要是孩子无精打采、眼神迷茫，妈妈要及时察觉并行动，及时安慰或给个温暖的拥抱。通过这样的方式，孩子能够深切地感受到自己是被重视的，自己的感受是被理解的。这种来自妈妈的关怀，会让他们在成长的道路上，无论遭遇何种风雨，都能坚信自己始终拥有一个可以依靠的港湾。

智慧 2

无条件地接纳孩子的情绪，是构建信任与安全感的重要基础。当孩子倾诉感受时，妈妈不能匆忙评判或否定，而应当采用“我懂你的……”这样的表述进行回应，比如：“焦虑是正常的，妈妈明白你为何会焦虑。”如此，孩子便能感受到妈妈有力的支持，从而更易于平复情绪。

引导孩子学习，培养好奇心与探索欲

我们应该学会激发孩子的好奇心，用心去培育他们勇于探索的精神。在孩子学习的过程中，要鼓励他们提出问题，还要巧妙地引导他们主动去寻找答案。这样的教育方式不仅能够有力地促使孩子在知识、技能、思维等方面全面发展，还能够为他们未来的成功打下坚实的基础。

情景再现

周末，罗娟带着儿子小浩走进了海洋科普馆。一进去，色彩斑斓的海洋生物图片和模型就吸引住了小浩的注意力。他紧紧地拉着罗娟的手，不停发问："妈妈，这些鱼的颜色为什么这么漂亮？它们在那么深的水底下是怎么呼吸的呀？"

罗娟蹲下身，认真地回答道："小浩，鱼的颜色可不是随便长成这样的，它们都有各自重要的作用呢，有的能躲避敌人，有的能吸引同伴。它们能在水下呼吸是因为有特殊的鳃。”小浩听得十分专注，眼中充满好奇。

回家途中，小浩的脑海里满是科普馆里的景象。罗娟见状，决定抓住这个时机引导，给小浩买了一些海洋知识方面的书籍和画册，希望能增强他的学习兴趣。

晚上，母子俩并肩坐在书桌前，一同翻阅着这些新买的书籍。小浩每当遇到不认识的字或者有弄不明白的地方，就会向罗娟询问。罗娟总是耐心地解答儿子的疑问，并且不断鼓励他要多开动脑筋思考，多去深入探究。

渐渐地，小浩对海洋世界的了解不断增多，他的好奇心和探索欲被充分激发。但凡看到与海洋相关的内容，他都会主动去学习和了解。罗娟看在眼里，喜在心头，她知道自己成功引导小浩踏上了学习知识之路，而在这条路上，好奇心和探索欲将一直伴随着小浩。

暖心提示

我们要尽力让孩子有机会接触新东西，这样就能激发他们的好奇心。有时候，别着急给出答案，要引导孩子自己去思考和尝试，从而培养他们解决问题的能力。在引导的过程中，孩子会慢慢建立起自信，知道获取知识得靠自己的努力。这样，他们就能一直保持对学习的热情，从而走向更广阔的知识世界。

好奇心与探索欲是孩子成长的重要驱动力，正确地引导能激发孩子无限的潜力。

妈妈课堂

在孩子成长的过程中，妈妈是重要的引路人。她们引领孩子踏上学习之路，激发孩子的好奇心，让孩子在探索和挑战中成长，描绘出属于自己的精彩人生。

1. 好奇开启成长探索之门

孩子的好奇心犹如蕴含着无尽能量的小宇宙，妈妈必须用心呵护这份好奇心。例如，与孩子一同去探索新奇的东西、分享好玩儿的故事，使孩子对周边的事物都满怀好奇与向往。如此一来，孩子便会主动抛出问题，积极地去探寻答案，每一个细微的发现都能令他们兴奋不已。这种对未知的好奇，会引领孩子持续前行，在探索的路途上越走越远。

2. 挑战塑造成长之心

在成长的路途中，挑战与困难向来都是结伴而行。这些挑战锤炼了孩子坚韧的意志。妈妈应该鼓励孩子勇敢地去尝试新事物，即便是失败了，也决不能轻言放弃。在一轮又一轮的尝试和探索中，孩子将学会独立地思考、解决问题，进而收获无比珍贵的自信心。这种在成长进程中培养出的勇气，会化作孩子人生中最为珍贵的财富，使他们在面对未来的各类挑战时，都能够英勇无畏，一往无前。

温馨时刻

小凯是一个活泼可爱的孩子，他总是对未知的东西充满好奇，他的妈妈艾米是个既聪明又有耐心的人。

在一个夏日的傍晚，小凯和妈妈在阳台上乘凉。小凯望着浩瀚的星空，好奇心一下子涌了出来，他问艾米："妈妈，那些星星是不是都有自己的故事？我们能找到去它们那儿的路吗？"小凯的问题让艾米很惊喜，她决定帮小凯打开探索星际太空的大门，一系列特别的学习活动就此展开。

他们先是跑到图书馆，借了很多有关天文学的书，一起探索宇宙的秘密。到了晚上，艾米就带着小凯去郊外，用望远镜看星星，让小凯亲眼看到遥远星球的美丽。不仅如此，艾米还鼓励小凯自己动手制作天文观测的工具，从简单的星座图，到复杂些的望远镜模型。每一次动手尝试，都让小凯觉得既有趣又有成就感。在这个过程中，小凯学会了提出问题、寻找答案，更关键的是，他慢慢有了独立思考和解决问题的能力。

随着日子一天天地过去，小凯对宇宙的好奇心不断增强，他主动去探索、去学习。艾米一直陪在他身边，给他支持和鼓励。艾米心里清楚，好奇心和探索的欲望是孩子成长路上最宝贵的财富，会引领小凯走向更美好的未来。

现在的小凯已然成了一个天文学方面的小行家。凭借丰富的天文学知识，他被同学们一致推选为学校天文学会的小会长。他以自己的方式不断追寻着天文世界的奥秘。看着儿子在探索中逐渐成长，变得越来越优秀，艾米特别高兴。

启迪时刻

家长要重视孩子的好奇心，并给予正确的引导。当孩子提出问题时，妈妈绝对不能随意敷衍了事，而要认真对待。在孩子探索的过程中，妈妈的陪伴和鼓励是极其重要的。这不仅能够推动孩子主动去追寻知识，而且还能够培养他们独立思考和解决问题的能力。只要妈妈全心全意地支持孩子，就能够帮助他们更出色地成长。

妈妈智慧

孩子的好奇心和探索行为，是他们成长中非常宝贵的部分。每次他们好奇地问问题，尝试新事物，都是在学习和成长。作为妈妈，我们应该鼓励和陪伴他们，还要在行动上给予支持。

智慧 1

给孩子营造一个可供探索和发现的学习环境是十分重要的。在家中找一处角落，放上书籍和新奇的物件，打造“探索角落”，作为孩子的专属空间。在平常的生活里，妈妈更应当主动地展现出自己对知识的向往和热爱，用自身的行动给孩子树立榜样，使他们切实地感受到学习不只是一项任务，更是一个充满趣味的探索历程。

智慧 2

为了使孩子能够全面增长知识，妈妈要多为其创造学习的机会。比如带孩子去图书馆看书、参观博物馆、了解科技馆的展品、到户外观察大自然。每一次这样的体验都能让孩子明白知识是无穷无尽的。与此同时，为孩子准备科普读物和实验用品，让他们通过动手操作来感受知识，从而拓宽知识面。

智慧 3

每个孩子都有成为小发明家的潜质，妈妈应当给予他们充分的自由以及支持，使他们能够勇敢地表达自己的想法。不论是画画、做手工、编故事，还是设计游戏，都要鼓励他们去尝试。此外，妈妈自己在面对生活中的难题时，也应展现出坚忍不拔的精神，为孩子树立榜样。

教授社交技能，助力孩子融入社会

孩子倘若拥有出色的人际交往能力，毫无疑问是一个巨大的优势。这类孩子能够满怀自信地应对各种各样的挑战，轻松地融入新的环境。在学校里，他们不但朋友众多，还能够和同学们愉快地交流，携手共同进步。这种积极的交流不但点燃了他们的学习热情，也促使他们在各个方面都表现突出。

情景再现

小乐虽然内心对友情充满渴望，但在社交方面并不擅长，甚至觉得与人打交道很有难度。一个周末，妈妈决定带他去公园，通过实际行动引导他学会更好地与人相处。

一到公园，妈妈并未直接说教，而是先通过玩儿小游戏来锻炼小乐的社交能力。首先进行的是“友好问候”环节，妈妈鼓励小乐向遇到的每个人微笑并简单地打招呼。起初，小乐非常害羞。

然而，在妈妈鼓励的眼神下，他鼓足了勇气去尝试。经历几次之后，他发觉这其实并不困难，而且对方也都给予了友好的回应。

随后，妈妈带着小乐走到一群正在踢毽子的孩子旁边，示意他加入其中。小乐心里直打鼓，可最终还是鼓起勇气询问：“我可以和你们一起玩儿吗？”让他惊喜的是，孩子们热情地回应了他。

回家的路上，小乐和妈妈交流起当天的经历。他说道：“妈妈，原来与人打交道并没那么可怕。只要勇敢点儿，多笑笑、多问问，就能交到朋友。”妈妈笑着点点头，说：“没错，小乐，社交就是这么简单。只要用心去做，就能收获友谊和快乐。”

自那以后，小乐像换了一个人似的，在社交方面变得愈加积极自信。以前那个总是缩在角落里、不敢主动与人交流的小乐不见了，取而代之的是一个敢于主动开口、乐于展现自我的乐乐。他学会了如何与人建立联系。他的朋友也越来越多，生活也越发精彩。而他深知，这一切的转变都源自妈妈耐心的教导。

暖心提示

在孩子的成长过程中，掌握一定的社交技能能让他们更好地理解他人的感受，关心他人。这一能力使他们在人际交往中能够与他人建立起真诚稳固的关系。同时，社交为孩子提供了观察和学习的机会。通过与他人的互动，他们不断审视自我，清晰地认识到自身的优点和不足，进而推动自我完善。这一自我探索与成长的过程，既丰富了孩子的内心世界，又为他们未来的人生道路奠定了坚实的基础，让他们能更自信地面对未来的挑战与机遇。

社交能力是孩子融入社会的金钥匙，掌握沟通技巧可以更好地成就未来。

妈妈课堂

妈妈有意识地培养孩子的社交能力，这不仅让孩子更加自信地与人交往，还为他们的全面发展打下基础，为未来的成功奠定坚实的基础。

1. 增强自信心与自我价值感

当孩子在妈妈的帮助下提升社交能力时，他们会发现自己能够更自如地与他人交流，建立和维护良好的人际关系。这种成就感会极大地增强他们的自信心，让他们相信自己有能力在社交场合中应对自如。

2. 促进全面发展与综合素质的提升

社交能力不仅是人际交往的基础，更是孩子全面发展的关键要素之一。通过提升社交能力，孩子能够学会倾听、表达、协商和合作，这些技能在学习、工作和生活中都至关重要。此外，良好的社交关系还能为孩子提供更多的学习机会和资源，促使他们在知识、技能、情感等方面全面发展。

3. 为未来成功奠定坚实的基础

在竞争日益激烈的社会中，良好的社交能力已成为个人成功的重要因素之一。妈妈帮助孩子提升社交能力，就是为他们未来的成功铺设了一条坚实的道路。通过建立良好的人际关系网络，孩子能够获得更多的机会和资源，为自己的职业发展和社会地位的提升创造有利的条件。

温馨时刻

小雨性格内向，和同龄的孩子很少打交道。妈妈认为她需要更多的朋友，于是计划引导她参与社交活动。有一次，妈妈提议带小雨去社区参加植树活动，小雨起初有些犹豫，但最终还是点头答应了。

在活动现场，小雨是最安静的那个。看着其他孩子热热闹闹地讨论，她显得有些不知所措。妈妈没有立刻介入，而是在一旁默默干活，同时留意着小雨的情况。

就在这时，一个小朋友跑过来询问小雨："我的这把铁锹有点儿大，你能否跟我调换一下？"小雨还没回答，脸就涨红了。看着越发紧张的小雨，妈妈用激励的目光向她示意，接着把手中的铁锹递给小雨。小雨即刻领会，她将自己的铁锹递给了那个小朋友，随后说道：“你试试这把铁锹，这把小一些。”说完，小雨顿时感到如释重负，她突然发现和人聊天儿并不是一件很让人为难的事。

在妈妈的鼓励之下，小雨鼓足勇气继续向身旁的小朋友搭话，询问一些关于植物的话题。让人惊喜的是，对方热情回应了小雨，并分享了一些实用的小窍门。

渐渐地，小雨融入了活动中，与几个小朋友一起合作，成功种下了一棵树。在这个过程中，他们相互帮忙，彼此鼓励，小雨体会到了前所未有的快乐。

活动结束，小雨和妈妈走在回家的路上。小雨兴奋不已，主动和妈妈分享今天的经历。妈妈微笑着对她说道：“和别人一起合作是不是特别有趣？多交些朋友，你就会发现生活原来可以如此丰富多彩。”

经过这次经历，小雨对社交有了全新的认识。她不再惧怕与人交往，反而开始期待下一次的集体活动。

启迪时刻

在这个纷繁复杂的社会中，我们总要和形形色色的人打交道，良好的社交技能是孩子畅通无阻的通行证。身为妈妈，我们应带着孩子积极参与集体活动，让孩子在实践中积累一些社交经验，掌握社交技巧，提高应变能力。

妈妈智慧

在孩子成长的道路上，社交能力的培养至关重要。作为妈妈，我们肩负着引导孩子更好地融入社会、与他人和谐相处的重任。

智慧 1

孩子们天生就是模仿者，他们会在日常生活中观察并学习我们的行为。因此，我们要时刻注意自己的言行举止，展现出友善、尊重、倾听和积极沟通的态度。这样，孩子们就会在我们的影响下，逐渐培养出良好的社交习惯。

智慧 2

我们可以带孩子参加各种社交活动，如家庭聚会、社区活动、学校组织的团队项目等。这些活动不仅能为孩子提供与不同年龄、不同背景的人交往的机会，还能让他们在实践中学习和锻炼自己的社交技能。同时，我们也要鼓励孩子在学校和日常生活中主动与同学、朋友交流，建立稳定的人际关系。

智慧 3

我们可以根据孩子的年龄和性格特点，有针对性地教给他们一些实用的社交技巧，比如如何礼貌地与人打招呼、如何清晰地表达自己的想法和需求、如何倾听他人的意见并给予一定的反馈等。这些技巧将帮助孩子更好地与他人沟通，减少误解和不必要的冲突。

树立正确的价值观，成为孩子的榜样

妈妈作为孩子的主要引导者，其言行深刻地影响着孩子价值观的形成。想让孩子拥有正直、诚实和坚忍不拔的品格，妈妈一定要先自己做到，成为这些美好品德的鲜活榜样。

妈妈在日常生活中做的每一次抉择、每一个决定，都在默默地传递着对世界的认知和态度，进而对孩子产生影响。如果妈妈在面对困难时不抱怨、不退缩，坚持努力解决问题，那么孩子会看在眼里，记在心上，从而在自己遇到困难时也会学着勇敢地面对。

情景再现

张磊的妈妈是一位热心肠的社区工作者，平日里总是尽心尽力地为邻里排忧解难，在邻里间有着极好的口碑。

有一天，一位独居老人在家中突发疾病，其痛苦的呻吟声刚好被路过的张磊妈妈听到。她没有丝毫犹豫，立刻冲进老人家中。只见老人脸色苍白，虚弱地躺在地上，张磊妈妈迅速拨打了急救电话，并陪着老人一同前往医院。

在医院里，张磊妈妈忙个不停，又是挂号、交费，又是取药。在老人的病床前，她悉心地照顾。轻轻地给老人喂水、仔细地为老人擦汗，还不停地轻声安慰着老人，让老人宽心。就这样，一直等到老人的家人匆匆赶来，张磊妈妈才拖着疲惫不堪的身体回家。

张磊把这一切都看在眼里，内心深受触动。从那以后，在学校里，张磊积极主动地帮助同学。当有同学在学习上遇到难题时，张磊总是耐心地为其讲解，直到同学完全明白；当有同学不小心摔倒受伤时，张磊会第一时间冲过去，小心翼翼地将同学搀扶起来，帮忙处理伤口；当班级组织活动需要志愿者时，张磊总是毫不犹豫地报名参加。

在张磊心中，妈妈就是自己最敬佩的榜样。妈妈用行动

为他树立了榜样，让他明白帮助他人是一种责任和美德。受妈妈影响，张磊立志要做一个像妈妈那样温暖、善良又有担当的人。

暖心提示

妈妈对孩子价值观的形成有着极大的影响。妈妈平日的一举一动，都会在孩子心里留下印记。妈妈如果在面对利益时坚守诚信，孩子就会明白正直的意义；妈妈要是遇到挫折仍能乐观应对，孩子就能变得坚韧；妈妈要是关爱那些处于弱势的人并无私奉献，孩子就会知道善良的重要性。妈妈是孩子人生路上的第一个指引者，用爱和智慧帮孩子确立正确的价值观，让孩子在未来的日子里不管遇到什么困难，都能坚守内心的美好。

正确的价值观照亮孩子前进的方向，妈妈以身作则成为孩子人生中的领航者。

妈妈课堂

在孩子成长的过程中，妈妈作为引导者和教育者，其角色至关重要。妈妈帮助孩子树立正确的价值观并成为孩子的榜样，能影响孩子的一生。

1. 塑造良好性格的基石

妈妈的言行举止是孩子性格形成的重要参照。通过展现积极、正直、善良等优秀品质，妈妈能够在潜移默化中帮助孩子建立起健康、积极的心理基础。这些品质将成为孩子未来面对挑战、与人交往的重要支撑。

2. 培养正确道德观念的摇篮

孩子的道德观念往往源于对周围环境的观察和学习。妈妈的道德观念和行为准则就像一面镜子，反映出何为正确、何为错误。通过以身作则，妈妈能够引导孩子明辨是非、善恶，培养孩子正确的道德观念和价值体系。

3. 促进孩子树立积极的人生观

妈妈对待生活的态度和价值观，直接影响着孩子的人生观和世界观。一个积极乐观、勇于担当的妈妈，能够激发孩子对生活的热爱和追求，帮助他们树立正确的人生目标和价值观。这种积极的引导将为孩子未来的成长和发展提供强大的动力和支持。

温馨时刻

一天晚上，张越和他的妈妈正在公园里散步。突然，他们看到不远处有一个老人瘫坐在地上茫然地环顾四周。周围的路人匆匆走过，大家都同情地看着老人，却无人敢轻易上前。张越的妈妈没有丝毫犹豫，快步走向老人。她先是蹲下身子，轻声细语地询问老人的情况，然后温柔地将老人扶起，坐在旁边的长凳子上。原来，老人出来散步，找不到回家的路了。

“大爷，您别担心，我们会帮您找到家人的。”张越妈妈安慰着老人，同时从老人的衣兜里找出了写着家人联系方式的纸条。她迅速拨打了电话，与老人的家人取得了联系，并告知了老人的位置。在等待家人来接的过程中，张越妈妈一直陪在老人身旁，给他递水，整理衣物，还不时地和老人聊家常，以缓解其紧张不安的情绪。

终于，老人的家人赶到了。看到老人安然无恙，他们感激不已，连连向张越妈妈道谢。张越妈妈只是微笑着回应：“别客气，这是我们应该做的。”

回家的路上，张越终于忍不住问妈妈：“妈妈，那个老人的年纪那么大了，您不怕惹上麻烦吗？万一他的家人说是

您撞倒他的，那怎么办哪？”妈妈摸了摸张越的头，说：“孩子，妈妈知道社会复杂，但不能因为怕麻烦就丢掉善良和责任。也许今天我们帮了别人，明天我们需要时也会有人主动伸出援手。”张越心中豁然开朗，他暗自下定决心，要以妈妈为榜样，用自己的实际行动去传递爱与温暖。

启迪时刻

帮助孩子树立正确的价值观，成为孩子的榜样，这不是一件容易的事。这需要妈妈在日常的生活中时刻审视自己的内心，及时摒弃虚荣、虚伪、自私等负面情感，用自身的行为来引导孩子。

妈妈智慧

孩子的健康成长离不开妈妈的正确引领，妈妈作为孩子人生的启蒙者，该如何更好地引导他们？

智慧 1

身为家庭与社会的一员，我们肩负着树立信任标杆的重大责任。在人际交往中，应始终秉持着真诚，杜绝任何形式的隐瞒与欺骗。当我们真诚地对待他人时，所传递出的不仅是一种态度，更是一种力量，一种能够感染他人、凝聚人心的力量。对于孩子而言，我们的真诚是他们成长道路上的明灯，照亮他们前行的方向。

智慧 2

妈妈拥有优良的品格，如同温暖的阳光，无声地照亮孩子成长的道路。刚开始的时候，孩子犹如一张白纸，对于尊重他人和承担责任并没有清晰的概念。但妈妈的善良、诚实和宽容，会让孩子在潜移默化中受到影响。随着时间的推移，孩子的思想就会发生转变。从曾经以自我为中心，变得懂得倾听他人的想法和感受，学会尊重他人的意见和选择。孩子的这种转变并非一蹴而就的，而是在妈妈长期的言传身教下，一点一滴地积累和改变的。

妈妈加油站

作为妈妈，您不仅是孩子的守护者，更是他们成长路上的同行者。

孩子就像是一棵正在茁壮成长的小树，而您则是细心照料它的园丁。要想让小树长得枝繁叶茂，就需要您用心去观察它的每一个细微的变化，理解它在不同阶段的需求。这不仅是提供光和水那么简单，更重要的是要读懂它的实际需求，知道它何时需要阳光，何时需要避雨。

与孩子同行，就是要在他们快乐时一同欢笑，在他们难过时给予拥抱。这意味着您要放下成人的架子，用孩子的眼光去看世界，感受他们的喜怒哀乐。当孩子遇到难题时，不要急于给出答案，而是引导他们自己思考，培养他们独立解决问题的能力。

请记住，每个孩子都是独一无二的，他们有着自己的成长节奏和方式。作为妈妈，您要学会耐心等待，给他们足够的时间和空间去探索和发现。同时，也要不断学习，提升自己的能力，以便更好地理解和支持孩子。

与孩子同行，是一场美丽的旅程。让我们携手并肩，用心去理解，用爱去陪伴，共同见证孩子成长的每一个精彩瞬间。

第三章

智慧育儿，走好每一步

育儿是一门学问，不仅需要耐心、温情，还需要智慧和肚量。每一个智慧的妈妈都有独属于自己的育儿诀窍。她们或巧立家规、帮助孩子培养良好的生活习惯；或寓教于乐，激发孩子学习的兴趣；或软语激励，帮助孩子树立自信，充分激发孩子的内驱力……不知不觉，妈妈就步步为营，为孩子铺出了一条康庄大道。

制定家规，培养孩子良好习惯

俗话说："无规矩不成方圆。"规矩并不是对自由的束缚，而是保障生活有序、家庭和谐的基石。制定一份家规，并认真践行，不仅能增进家庭成员之间的情感、加强互动，还能让孩子养成良好的习惯，一举数得。

情景再现

"妈妈，我回来了！"

下午5点多，铭铭准时放学回家，刚到家，就随手把书包扔在沙发上，迫不及待地跑回房间看漫画书去了。

正在做家务的妈妈看到这一幕，忍不住皱起了眉头。

"不行，不能再这样下去了。不然，孩子肯定会养成很多不良习惯。"妈妈喃喃自语。

可怎么办呢？怎么做才能纠正孩子的不良习惯呢？

妈妈苦思冥想了很久，终于想到了一个好办法——制定家规。

只不过，制定家规并不是一个人的事，而是一个家的事，妈妈找到铭铭，语气温和地和他商量。

“制定家规？”听了妈妈的话，铭铭很诧异，“什么是家规？为什么制定这个呀？”

“家规就是一家人都要遵守的规矩，像你们学校的校规一样。”妈妈微微一笑，耐心地解释说，“有了家规，不仅能让我们的生活更融洽、更和谐，还能帮你养成良好的习惯。”

在妈妈的劝导下，铭铭虽然心里有些不乐意，但还是同意了制定家规的建议。母子俩一起商量着制定了七八条家规，比如晚上 10 点之前要上床睡觉、回到家先写作业再看漫画书、自己的房间自己收拾、轮流扫地、轮流洗碗等。

铭铭起初还不太习惯，经常忘了家规，但在妈妈的提醒下，他还是坚持了下来，整个人都变得自律又自信。

暖心提示

国有国法，家有家规。规矩并不是束缚人的枷锁，相反，它就像是一个框架和模具，能够有效规范孩子的行为，避免孩子走偏长歪。因此，妈妈应该学会以制定家规的方式来培养和引导孩子。但必须要提醒的是，孩子大多喜欢自由、不愿被约束，有些孩子天生性格好强、敏感，对一切规矩和训导都会抵触。所以，妈妈在制定家规和执行家规的时候，一定不能以家长的威权强迫孩子，而是要怀柔，和孩子有商有量，让孩子亲身参与，心甘情愿地去遵守家规。

无规矩不成方圆，无约束不成良材。
家中有规矩，生活更和谐。

妈妈课堂

提到规矩，很多妈妈的第一反应都是抗拒，认为规矩是束缚和牢笼，是给孩子套上的枷锁，只有“老顽固”“老封建”的家长才会这样做。这种认知无疑是极其错误的。事实上，规矩不是束缚而是引导。用规矩来引导孩子养成良好的习惯，好处多多，譬如：

1. 培养良好的生活习惯，让孩子更健康

未成年的孩子大多缺乏自制力，说话做事随心所欲、不会考虑太多。不爱吃蔬菜就不吃、不想起床就一直睡、有喜欢的动画片哪怕熬夜也要看完。久而久之就会养成挑食、懒惰、熬夜等种种坏习惯。制定家规，约束孩子，目的之一就是改变孩子无序的生活，让孩子的作息和饮食变得规律，能健健康康地成长。

2. 增强孩子的自律意识

从某种意义上来说，孩子接受家规、遵守家规、践行家规的过程，就是一个潜移默化、培养自律意识的过程。能约束一个人的，从来不是纸上的条文，而是自己的思维。当孩子愿意自律，并从自律中获得成就和快乐时，好的习惯也就悄然养成了。

3. 让家庭氛围、亲子关系变得更加和谐

家规约束的不仅是孩子，也是大人。有了明确的规矩，大家都知道自己该做什么，如诚实、勤劳、不浪费；不该做什么，如撒谎、找借口、偷懒。彼此间的矛盾和冲突就会减少很多，关系自然也就更加和谐亲密。

温馨时刻

清晨，阳光透过榕树繁密的枝丫如碎金般洒落窗前，洋洋站在书桌边，迫不及待地拆开了妈妈送给自己的生日礼盒。

礼盒中放着一张质地很柔软的地图，上面用彩笔画了很多条路线，每条路线上都标注出宝箱的位置。

“这是什么？藏宝图吗？”洋洋有些疑惑地问妈妈。妈妈笑着点点头，“没错。这张藏宝图中有 16 条寻宝路线，每

条路线上都有 5 个小宝箱和 1 个大宝箱，只要你完成相应的冒险任务，就能得到里面的宝贝。”

“哦”，洋洋应了一声，看上去兴致不高。

“宝藏很丰富，比如，这个小宝箱里藏的是迪士尼的门票，旁边那个是你最喜欢的火影忍者的手办，另一个……”

“真的？”妈妈话还没说完，洋洋的眼睛就亮了，“亲爱的妈妈，冒险任务是什么？快告诉我！”

见儿子成功被吸引，妈妈笑了笑，从口袋中拿出一张提前写好的纸条，慢条斯理地继续说：“任务很简单，就是按照家规，完成这些小目标。”

“家规共分为品格、学习、生活、健康 4 个单元，对应 16 条寻宝路线，只要你完成上面规定的小目标，就能积累挖宝点，10 个挖宝点兑换一个小宝箱，100 个挖宝点兑换一个大宝箱。”妈妈解释，“比如，这条，连续两周，每天都早起晨练，做到了就有 5 个挖宝点。”

“我要冒险！我要兑宝箱！”洋洋斗志昂扬地说。

之后半个多月的时间，在“宝藏”的激励下，洋洋认认真真地执行着各项家规，慢慢地养成了早睡早起、爱阅读、锻炼身体等很多好习惯。

启迪时刻

制定规矩不是目的，而是手段。通过各种“家规”“家庭小约定”“家庭守则”的制定，循序渐进地引导孩子、让孩子养成良好的习惯、培养孩子的自律意识、塑造孩子的品格才是目的。妈妈一定要牢记这一点。

妈妈智慧

智慧 1

在制定家规的时候，妈妈需要充分尊重孩子的意见。如果孩子已经有了自己的思维和想法、独立意识，在制定家规时，妈妈需要和孩子商量着来，千万别独断；如果孩子年纪较小，还很懵懂，妈妈在制定家规的时候务必要做到简单、明确、有针对性，不复杂、不含糊、不啰唆。如作息方面，不能笼统地告诉孩子要“早睡早起”，而是要明确“6 点之前起床，21 点之前上床睡觉”。

智慧 2

在执行家规的过程中，如果孩子表现不错，妈妈应该不定时地给予其奖励。奖励包括但不限于一份小礼物、一顿大餐、一包零食、一番真诚的夸奖、一次周末亲子游。相应的，如果孩子的态度不积极，总是违规犯错，也要适当地给予其惩罚，如没收玩具、减少上网时间等。

智慧 3

家规约束的不光是孩子，而是全家。想让孩子做什么，妈妈自己应该先做到。如让孩子诚实，自己首先不能撒谎。

正面激励，激发孩子的内在动力

正面激励是促使孩子拼搏向上、引导孩子主动成长的一种有效手段。心理学研究表明，正面的、肯定的赞扬、鼓励、劝慰比严厉的指责、高声的批评更能激发孩子的内在动力，更能让孩子全面发展、健康成长。

情景再现

黎宁是位单身妈妈，有个 8 岁的儿子，叫瑞杰。

瑞杰很聪明，但内向木讷、没有自信，这让黎宁非常忧虑。黎宁深知，要让孩子好好学习，强迫、责备、打骂都不是好办法，积极引导和正面激励才是。那么，该怎么激励瑞杰呢?

黎宁想到了一个好办法。

周末的午后，黎宁带着瑞杰来到一片姹紫嫣红的花园，指着花园中盛放的花朵，对瑞杰说:“每一个孩子都有属于自己的秘密花园，只要激发出它内在的力量，就能让花朵璀璨绽放。”

“内在的力量？”

“对，内在的、只属于你自己的力量，它能帮助你实现梦想，创造奇迹。”黎宁解释。

“真的？那我该怎么激发它？”瑞杰好奇地问。

“很简单，”黎宁笑着掏出一个笔记本和一支彩笔递给瑞杰，“你只需要每天都记录下让你觉得很骄傲、很有成就感的三件事就可以。”

“很有成就感？”瑞杰懵懂地问。

“没错，比如帮同学擦玻璃，写了一篇令自己很满意的作文，掌握了一个很难的知识点，这些都行。”

“明白了！”瑞杰恍然大悟。

自那之后，瑞杰每天都坚持记录和分享，为了完成“记录”，他变得勤奋，开始主动帮助同学，开始……内在动力被慢慢激发了出来，瑞杰整个人都变得阳光自信起来。

暖心提示

世界上没有不优秀的孩子，只有不懂得发掘孩子潜力的家长。

每一个孩子都是一座宝藏，有着无穷的潜力。作为妈妈，我们要做的就是帮孩子释放潜力、激发孩子内在的力量，让孩子以积极的态度去面对生活，主动去学习、去拓展、去社交，去做各种自己能做的事情，追求目标，完成梦想。

激发内在力量的方法有许多，最常见、最行之有效的就是正面激励，如夸奖、表扬、用有趣的方法去引导、适当给孩子一些奖励、大声告诉孩子“你没错，你是对的”等。

内在的力量源于心灵，正面激励是开启孩子内在宝藏之门的金钥匙。

妈妈课堂

人生如逆旅，处处皆晴雨。哪怕亲密如父母，我们也不可能代替孩子走完他的人生路。所有孩子的成长，都如同在迷雾中摸索，不断选择、不断试错、不断调整。作为妈妈，我们能做、要做的就是在孩子需要的时候，给予其恰当的引导和正面的激励。这样做的好处有以下几点：

1. 激发孩子的内在动力

动力分为两种。一种是外在的，一种是内在的。正面激励的本质就是通过赞扬、肯定给孩子提供一个外在的动力。让孩子知道，只要努力学习、乐于助人、认真阅读，他就能得到肯定。等孩子真正发现了阅读、学习、助人的乐趣，发自内心地愿意主动去做，外驱力就会转化为内驱力，不断激励孩子自我优化和成长。

2. 让孩子变得积极乐观

谁的人生都不可能一帆风顺。在成长的过程中，孩子难免会遇到困难和挫折。来自妈妈的正面激励不仅能让孩子很快摆脱沮丧的情绪，重拾信心，还能引导孩子迎难而上、积极应对所有挑战。

温馨时刻

周三下午，宁宁妈妈下班回家，刚进门，女儿宁宁就跑了过来，轻轻地喊了声“妈妈”，似乎想要说什么，但停顿了半天，都没说出口。

宁宁妈妈微微皱了皱眉，意识到女儿肯定是有心事，于是，笑着拉过宁宁，半蹲下身子，一边温柔地注视着她，一边询问：“怎么了，是不是遇到了什么困难，勇敢点儿，告诉妈妈，妈妈相信你一定可以的。”

“我……那个……”妈妈鼓励的话和温柔的目光给了宁宁许多勇气，犹豫了半分钟后，她低声告诉妈妈，“美术老师说学校要举办绘画比赛，我想参加……”

“想参加就去参加。妈妈支持你！”妈妈笑着说。

“可是……”宁宁低着头，用手扭动自己的衣角，“我……我要是画得不好，会被同学嘲笑。”

“不会的！”妈妈轻轻抚摸着宁宁的脑袋，鼓励说，“同学们没参加，你参加了，就已经很勇敢了，没有同学会嘲笑你。而且，我们宁宁画画很好哇。你的想象力那么丰富，配色也很有天赋。上次你送姥爷的全家福，姥爷喜欢得不得了呢。”

“真的？”宁宁仰起头，半信半疑地问。

“当然是真的！”妈妈笃定地点头。

“那我明天就去报名参赛！”宁宁大声说，脸上绽放出灿烂的笑容。

之后的一段时间，宁宁开始紧张地备赛。其间，她也沮丧过、懊恼过，每次宁宁妈妈都会耐心地鼓励她，给予她充

分的肯定。

在妈妈的鼓励下，宁宁变得越来越自信。比赛当天，她一点儿都不怯场，充分展现了自身的能力，并获得了第二名的好成绩。

启迪时刻

人都有自尊心，渴望被认可、被肯定，孩子也不例外。所谓“正面激励”，就是利用孩子的自尊心，激发孩子的潜能，让孩子克服自卑，以积极自信的姿态努力去拼搏，就像故事中的宁宁和妈妈。正是有了妈妈的肯定，宁宁才变得越发勇敢和自信。

这里需要提醒的是，正面激励并不等同于盲目地肯定与夸赞。毫无缘由地赞扬对孩子来说，其实是一种欺骗，很容易误导和伤害孩子。

妈妈智慧

智慧 1

妈妈需要发现孩子的闪光点。尺有所短，寸有所长，每个孩子都有属于自己的优势和闪光点。有的孩子擅长画画，有的孩子力大无穷，有的孩子悟性特别高，有的孩子动手能力超级强，有的孩子……作为妈妈，我们要做的就是发现这些优势和闪光点，并给予孩子充分的肯定。

智慧 2

主动鼓励，巧用暗示。暗示有两种，一种是自我暗示，一种是外界暗示。暗示是和心灵的正面对话，十分神奇。如果你想让自己的孩子变得自信起来，就不要吝啬赞美与鼓励，每天都对他说“你很棒”“你已经做得很好了”“妈妈为你感到骄傲”，时间长了，孩子的改变一定会让你惊讶。

智慧 3

对孩子来说，最大的肯定就是放手。日常生活中，适当地给孩子一些空间和自主权，能有效地激发孩子的内驱力。

寓教于乐，让孩子的学习变得有趣

填鸭式的灌输和枯燥刻板的长篇大论，没有哪个孩子会喜欢。寓教于乐才是最高效、最有趣的教育方式。

寓教于乐，不仅能激发孩子的学习兴趣，还能让孩子主动探索、积极思考、努力发现，可谓两全其美。

情景再现

“唉！”

挂断班主任的电话，悦悦妈妈忍不住叹了口气。

女儿悦悦是个很乖、很勤奋的女孩儿，平时学习也很努力，但就是不开窍，各科成绩都很一般，尤其是数学，还经常不及格。

为了提高悦悦的成绩，妈妈想了很多办法，效果都不理想。无奈之下，悦悦妈妈只能抱着试试看的心态向专家咨询，专家建议她寓教于乐，换一种方式让孩子接受知识。

于是，悦悦妈妈亲自动手，将家里的杂物间改造成了“数学秘境”，还添置了各种奇怪又好看的道具。等悦悦放学回家，悦悦妈妈就带着她来到“秘境”，开始了她的“闯关”之旅。

迷宫的第一站是“图形驿站”，里面放着各种形状不一的道具，悦悦只有按照要求把图形正确分类，才能闯过这一关。

如此新颖的学习方式，让悦悦兴致勃勃，很快就记住了各种图形和类别。

接着，悦悦又来到了“方程森林”，妈妈告诉她，必须解出十道方程谜题，才能拿到通往第三关的金钥匙。

悦悦的斗志很高，为了解题，她积极地查资料、找方法，学习的主动性空前高涨。

随后，悦悦又到了“分数迷宫”……

最后，悦悦终于成功通关。在“闯关”的过程中，悦悦不知不觉就掌握了很多以前怎么学都学不会的数学知识。悦悦妈妈高兴极了。

暖心提示

寓教于乐，顾名思义，就是用让孩子觉得有趣、快乐的方式去引导和教诲他，让他玩着学、学着玩，在玩乐中轻松掌握各种知识和技能。比如，通过玩七巧板、九连环等玩具，教孩子一些基本的数学知识；又比如，通过猜字谜、成语接龙、飞花令等方式，让孩子接触和学习各种语文知识；再比如，让孩子通过动手、观察等方式，发现生活中的物理现象。总之，亲爱的妈妈们，你们要记住，寓教于乐的方法是“乐”，目的是“教”，最重要的是激发孩子的学习兴趣。

兴趣是最好的老师。
寓教于乐促学习，激发兴趣诀窍多。

妈妈课堂

在日常生活中，有部分妈妈对教育的认识比较刻板，把寓教于乐简单地理解为“玩耍”，这是不对的。寓教于乐其实是一种很高明的教育方式，很多资深的教师在教学中都习惯采用这种方法。寓教于乐也确实能让孩子受益良多，譬如：

1. 激发孩子的学习兴趣，让孩子主动学习

好奇、好动、爱探索是孩子的天性。枯燥的教学、一板一眼的说教、让人昏昏欲睡的讲述，只能束缚孩子的天性，让孩子本能地感到厌烦。相反，如果妈妈能寓教于乐，换一种方式来教导孩子，激发孩子的学习兴趣和求知欲，让孩子主动去探索、去发现，效果无疑会更佳。譬如，通过讲故事和讨论的方式教孩子诚实；用科学实验的方式带领孩子探索自然、发现自然中隐藏的无穷奥秘。

2. 增进亲子关系

从本质上来说，寓教于乐的教导方式其实就是妈妈和孩子之间的互动。妈妈用各种有趣的方式引导、帮助和激励孩子，孩子在参与活动、“探索冒险”的过程中与妈妈亲密协作、分享快乐、共渡难关。这样的话，无形之中就会增进彼此的信任，让亲子关系更融洽、更和谐。

3. 促进孩子的全面进步

寓教于乐的形式有很多，不仅要动脑、动手，有时候还要求孩子会管理、懂配合、能决断。总之，通过亲身参与和互动，能锻炼孩子的各种综合能力。

温馨时刻

萌萌今年四年级了，平时学习成绩还不错，就是特别害怕学古诗、背古文。每次背诵都能让她愁容满面。

萌萌妈妈是个很有主见、很有智慧的家长，深谙寓教于乐的妙处。她知道，要帮萌萌解决问题强迫和说教都没用，最重要的还是要激发她对古诗文的兴趣，引导她找到适合自己的背诵方法。

为了做到这一点，一个阳光明媚的周末，妈妈特意带萌萌去郊外踏青。

阳光和煦，草色茵茵，母女俩一起漫步在潺潺流淌的清溪边，嗅着花香，不知不觉就来到了一片盛放的桃林。

桃林不大，林中只有数十棵桃树，但每一棵都花开缀枝、灿烂如霞。桃花有深红色的、浅红色的、玫红色的、略带些白边的……色彩各异，漂亮极了。

妈妈站在一树桃花下，笑着吟诵："'桃花一簇开无主，可爱深红爱浅红'，这桃花开得好漂亮。萌萌，你更喜欢深红色的桃花，还是浅红色的？"

听了妈妈的话，萌萌先是一愣，接着认真思索起来。那一刻，她好像一下子就明白了诗人写诗时的感受。以前让她觉得枯燥艰涩的诗句和古文也瞬间变得鲜活起来。

接着，妈妈又带着萌萌逛了很多地方，看了"碧玉妆成一树高"的垂柳，看了"春江水暖鸭先知"的绿头鸭，偶遇

了“曲项向天歌”的大白鹅和“带月荷锄归”的老农。

从那之后，萌萌对古诗文再也不抵触了，不仅学起来兴致盎然，还找到了“在脑海中勾勒图景增强记忆”的背诵方法。

启迪时刻

寓教于乐的“乐”，指的不是玩乐，而是乐趣。教，不拘形式、不拘方法、不拘时间和地点，所有充满趣味、形象鲜活、能调动孩子学习积极性和主动性的方法，都可以称为寓教于乐。

寓教于乐的方法有很多，可以是萌萌妈妈这种身临其境启发式的，也可以是循序渐进引导式的。当然，有趣的互动、新颖的故事、有目的的角色扮演、各种益智怡情的游戏，也都是寓教于乐的绝佳方式。

妈妈智慧

智慧1

游戏是最常见、最有趣的寓教于乐的方式。为了激发孩子的学习兴趣，妈妈可以为孩子设计和准备各种小游戏。比如，用卡片玩成语接龙；比赛解九连环；和孩子一起闯数字迷宫、玩数独游戏；看轮廓猜动物、投球猜字谜；等等。

智慧 2

寓教于乐，肯定不能少了扮演。妈妈可以和孩子一起扮演各种历史人物，共同探索历史的奥秘；可以和孩子一起扮演各种动物，潜移默化地学习动物的习性、生存常识；也可以和孩子一起互动，扮演不同职业的人，如医生、警察、教师、画家、环卫工人等，让孩子在模仿和扮演中体验不同的职业、懂得责任、认识使命、增长知识、锻炼思维和社交技巧。

智慧 3

阅读和讲故事也是很不错的寓教于乐方式。妈妈可以通过故事，润物细无声地告诉孩子很多知识和为人处世的道理；也可以通过亲子阅读，引导孩子去思考、质疑、理解和表达，让孩子快乐学习、轻松进步。

勇于面对挑战，与孩子共同成长

在孩子成长的过程中，妈妈不仅是保护者，还是同行者。妈妈勇敢地走出舒适区，不断学习提升自己，以身作则。在妈妈的影响下，孩子也会拥有积极乐观的心态，勇敢向前。这个过程中，妈妈和孩子一起经历，共同成长，变得更坚强、更完美。

情景再现

张杰正在读三年级，相较于同龄的男孩子，他敏感又脆弱，面对任务时常常自我怀疑，担心自己无法胜任。为了帮助儿子克服这种畏难情绪，妈妈李梅决定带着儿子张杰参加社区举办的亲子运动会。

他们首先选择的项目是二人三足，比赛刚开始，母子俩就出师不利。由于步伐不一致，他们频繁跌倒，引得周围观众哈哈大笑。张杰满脸失落，李梅虽然内心焦急，不过很快镇定下来，蹲在张杰面前鼓励道：“儿子，别害怕失败，能重新站起来继续尝试就很棒了！”

张杰听了妈妈的鼓励，勇敢地再次尝试。这一次，他们更用心，努力调整步伐，虽说此次过程中仍有些摇晃，但默契逐渐形成，两个人走得越来越快。虽然二人最终未能在这个项目中夺冠，不过他们的坚持与努力却赢得了大家的掌声。

随后是母子接力赛，这个项目对速度和默契的要求更高。有了之前的失败经历，张杰心生怯意。李梅却紧紧地握住他的手，安慰他说：“儿子，咱们不要放弃，咱们刚刚已经证明了咱们有能力，现在正是展现真正实力的时候！”张杰望着妈妈那坚定的目光，笃定地点了点头。

枪声响起，张杰紧握接力棒奋力狂奔，而后稳稳地把接力棒交到了李梅手中。李梅接过接力棒，尽管她的脚在二人三足比赛时受了伤，可她依旧快速朝着终点冲去。

最终，在大家的加油声中，李梅率先冲过终点，母子二人荣获第一名。

这次运动会不仅增进了母子间的感情，张杰在妈妈的鼓励下还学会了勇敢面对困难，体验了团队合作的力量，从而逐步培养了自信与坚韧不拔的精神。

暖心提示

在这个多变的时代，挑战无所不在，而妈妈的勇气会成为孩子内心最强大的支撑。妈妈要敢于突破自我认知的局限。当孩子对新事物展现出好奇时，妈妈不能因自身的知识盲区而去阻止孩子探索，而应和孩子一起探索。在孩子的教育规划上，妈妈要根据孩子的特点和兴趣，量身定制成长路径。妈妈还应在孩子面临社交挫折时，勇敢地引导孩子正确地看待人际关系，用自身的积极态度影响孩子，让孩子学会以包容和理解的心态与人相处。妈妈只有勇敢地面对生活的方方面面，才能真正与孩子携手共进，共同成长。

挑战是人生的必经之路，在成长路上要和孩子携手坚定前行。

妈妈课堂

在人生的旅程中，育儿这条路就像一场探险，充满了未知和挑战。对此，妈妈应做到以下三点：

1. 勇敢应对挑战，描绘成长蓝图

妈妈应当充分意识到，育儿之路从来都不是一帆风顺的，而是充满了各种各样的挑战。然而，正是这些看似微不足道的挑战，塑造了孩子的性格和能力。妈妈需要拥有坚定的勇气，要把每一个挑战都看作孩子成长的宝贵机会，以积极乐观且坚定的态度引导孩子勇敢面对。

2. 并肩作战，共建亲密的亲子关系

妈妈绝不能仅仅作为孩子成长过程的旁观者，而应当成为孩子最亲密的战友。在孩子遭遇挫折和困难的时候，妈妈要毫不犹豫地伸出双手，与孩子共同应对。每一次共同面对问题、解决困难的经历，都能让亲子关系变得更加深厚、更加稳固。

3. 不断学习进步，跟上时代的步伐

在这个飞速发展、日新月异的时代，妈妈必须深刻地认识到，只有持续不断地学习新知识、新技能，才能与孩子的成长节奏保持同步，真正走进孩子的内心世界。妈妈要像海绵一样，充分吸收各方面的新知识；要像勇敢无畏的探索者，大胆地涉足未知的新领域。只有这样，才能为孩子提供最准确和有效的引导。

温馨时刻

李婉的儿子乐乐好奇心很强，经常向李婉提出一些稀奇古怪的问题，他的每一个问题都让李婉深思，促使她不断地学习和成长。

乐乐该上幼儿园了，可他对家极度依恋。李婉意识到分离

是孩子成长的必经之路，于是耐心地陪伴乐乐适应新环境，用简单的话语和温暖的拥抱，让他感受幼儿园的乐趣。这段经历让李婉学会在孩子需要时给予他支持，适时放手让其独立。

乐乐上小学时，在阅读和写作方面遇到了难题，写作文的时候只能挤出寥寥几句。李婉没有责骂孩子，每晚都陪伴乐乐阅读，鼓励他说出自己的想法。乐乐在母亲的陪伴下，逐渐爱上了阅读，写作能力也有了显著的提升。李婉也在这个过程中发现，真正的教育不在于灌输知识，而在于激发孩子的兴趣和潜能。

转眼到了青春期，乐乐沉迷电子游戏，成绩不断下滑。李婉没有责备，而是心平气和地与乐乐交流，一起分析游戏的利弊，共同制订了合理的学习和娱乐时间表。她还鼓励乐乐多参

加户外活动，丰富课余生活。在母亲的耐心引导下，乐乐慢慢找回了学习的热情，也懂得了如何平衡娱乐与学习之间的关系。

如今，乐乐即将步入高中。看着逐渐成熟懂事的儿子，李婉心中满是欣慰。她深知，未来的道路还很长，但只要母子俩携手同行、相互支持，便没有克服不了的困难。

启迪时刻

故事里的这位妈妈，睿智且极具耐心。当孩子表现出依赖、沉迷游戏，甚至处于叛逆阶段时，她始终以爱为底色，不离不弃地陪伴孩子前行。育儿之路绝非坦途，充满了各种未知的状况和挑战。然而，正是这些未知的状况和挑战，让孩子的成长变得真实而深刻。我们应当陪孩子一起勇敢地面对这些挑战，我们要让孩子明白，成长从来不是一帆风顺的，挫折是生活的常态。在这个过程中，作为妈妈，我们能做的就是坚定地陪伴在孩子的身边，给予他们力量和支持。

妈妈智慧

在育儿路上，妈妈难免会遇到各种问题和挑战。但正是这些挑战，让妈妈在不知不觉中变得更加坚强和睿智。它们让妈妈学会了如何更好地支持孩子，如何成为他们成长路上的可靠伙伴。

智慧 1

把挫折当成培养孩子优秀品质的方式。当孩子遇到挫折时，我们不再只是简单安慰，而是引导他们分析问题，让他们调整自己的不良情绪。让孩子从失败中总结经验，从战胜挫折中获取力量。这样，孩子就能拥有坚强的意志，勇敢地面对未来的困难，为以后的发展打下基础。

智慧 2

挑战不仅是对孩子成长的考验，也是让我们看清自己、反思并成长的镜子。孩子带来的各种挑战，促使我们改变固有想法和过高期望，以更包容的心态去理解和接受。每次和孩子交流，都是我们认识自己、成长提升的机会。

时间管理，平衡家庭与个人生活

妈妈的时间管理，其实就是从日常点滴中学到的生活智慧。我们要懂得，生活不只是无休止的忙碌，还有停下来享受的时刻。在照顾家庭的时候，妈妈一定要懂得给自己留白。这不是简单地把时间分开用，而是让自己的心态更平和，更有精力去做好每件事。妈妈的时间管理，就是在忙碌与休息之间找到平衡，让生活更加充实、更加美好。

情景再现

陈敏是一位资深管理者，她的儿子浩宇刚上二年级。陈敏总是在家庭和工作之间忙碌，常常感到力不从心。

有一天，浩宇在陈敏出门前说：“妈妈，您最近总是忙，我好想让您陪陪我呀。”这句话像是一记重锤重重地砸到陈敏的心上，她知道自己只顾着忙事业而忽略了依赖自己的孩子。

此后，陈敏决定改变。她重新进行时间规划，舍弃那些无意义的忙碌，为家庭和自己留出一些时间。工作中，她改变策略，先处理重要且紧急的任务，减少不必要的会议和社交。这让她工作效率得到提高，有了更多自由的时间。

在家里，她更重视和浩宇的互动。晚饭后陪着孩子一起散步、做手工，倾听孩子的心声，关注他的成长，给他鼓励和支持。周末，她精心安排家庭活动，比如户外探险、亲子阅读、一起做饭。这些活动让她和浩宇的关系变得更亲密，她也感受到了家的温暖。

渐渐地，陈敏的生活有了改善。她不再因工作忽视家庭，也没有因家庭放弃个人成长，找到了事业和家庭的平衡。

陈敏明白，真正的成功不只是工作成就，还有美满的家庭和健康的体魄。她开始关注身心健康，培养兴趣爱好，让自己更幸福。

陈敏的经历告诉我们，在快节奏的生活中，要学会管理时间，平衡工作与家庭之间的关系。只有这样，我们才能实现自我价值，让人生更美好。

暖心提示

时间管理不只是对外面事务的安排，也是对内心世界的调节与平衡。在快节奏的生活中，我们得学会放慢脚步，听听自己内心的想法，关心自己的情感需求和身体、心理健康。这种内外的双重平衡，能让妈妈在面对家庭和工作的双重压力时，更加沉着冷静。只有先把自己照顾好，才能更好地照顾家人。更关键的是，妈妈能够通过自己的行为影响孩子，教他们怎么管理时间，怎么平衡生活和学习，怎么珍惜和家人在一起的每一刻。这种传承，不只是家庭传统的延续，更是对生命质量的深刻理解与追求。

合理安排时间，共享温馨的亲子时光，深化与孩子之间的情感纽带。

妈妈课堂

在忙碌的家庭生活中，妈妈常常身兼数职，其时间管理水平对家庭的和睦、孩子的发展以及自身的快乐有着极大的影响。做好时间管理，对家庭、孩子、个人有什么作用呢？

1. 家庭和谐的基石

在家庭生活中，妈妈的时间管理至关重要，是家庭和谐的基石。妈妈就像一位出色的规划师，通过合理安排家务、购物、烹饪等日常琐事，避免了忙碌中的混乱与冲突，为家人创造出和谐稳定的环境。

2. 孩子成长的助推器

妈妈的时间管理也是孩子成长的助推器。妈妈科学规划时间，才能保证有充足的精力陪伴孩子，关心他们的学习、兴趣和情感需求。在长期的亲子陪伴中，和孩子建立起的深厚情感，成为孩子成长的有力支撑。妈妈高质量的陪伴让孩子学会珍惜时间、规划自己的学习和生活，促进其全面发展。

3. 个人成长的阶梯

时间管理还是妈妈个人成长的阶梯。忙碌的家庭生活常使妈妈忽略自身需求，做好时间管理能让妈妈在照顾家庭之余，为自己留出空间和时间，用来学习新知识、培养兴趣爱好、参与社交活动等，不断提升自我价值和幸福感。

温馨时刻

慧琳是一位工作十分繁忙的妈妈，女儿欣怡上小学后，她明显感觉到孩子的不适应。

有一天晚上，慧琳拖着疲惫的身子回到家，看到欣怡还在书桌前为作业愁眉苦脸。见到妈妈，欣怡带着哭腔说：“妈妈，作业我有很多都不会，我好想您能帮帮我。”慧琳心里一阵酸楚，她意识到自己必须做出改变。从此，慧琳决心做好时间管理。她不再毫无规划地投入工作，而是提前制订详细的计划，将工作任务和家庭事务都安排得井井有条。

每天清晨，慧琳会早起半小时，为欣怡精心准备早餐，然后陪她一起享用，她还时刻关心孩子的需求，满足孩子的愿望：“欣怡，今天有没有想做的事情呢？”晚上下班之后，她会尽量推掉不必要的应酬，准时回家。她会坐在欣怡身边，耐心地辅导她作业，和孩子一起阅读，解决作业难题。周末，慧琳会空出时间来陪伴欣怡。她们一起去公园散步，或者在家做手工。

在慧琳的努力下，欣怡逐渐适应了小学生活，变得开朗自信。慧琳也深刻体会到，通过有效的时间管理，她既能在工作中实现个人价值，又能给予孩子足够的陪伴。

启迪时刻

故事中的妈妈全身心投入工作，却在不经意间忽视了孩子的情感诉求，致使孩子陷入茫然无助的困境。现代社会，许多妈妈都面临着多重身份的挑战。在职场中，她们努力拼搏，想要展现出自己的工作能力；回到家，又要照顾家人，操持各种家务。要做到工作、家庭和个人生活的平衡，做好时间管理至关重要。然而这并非易事，它不是单纯地规划时间，而是要在不同角色之间巧妙切换。但不管怎样，妈妈都需要通过合理安排时间，给孩子足够的关爱和陪伴，同时也给自己腾出一些时间，来追求个人的兴趣和发展，只有这样，才能实现家庭与个人生活的和谐共处。

妈妈智慧

智慧 1

妈妈作为家庭的核心，需要深刻认识到工作与家庭平衡的重要性。在面对外界纷繁复杂的干扰与请求时，妈妈应具备高度的自我认知与决策能力，明智地筛选与拒绝，以确保家庭生活的和谐与安宁。

智慧 2

在家庭生活中，妈妈不仅要关注个人任务的完成，更应积极倡导并促进家庭成员之间的协作与分担。这种共同参与不仅能减轻妈妈的负担，还能让家人在实践中学习到生活技能，增强责任感和独立性。

时刻以身作则，照亮孩子的成长之路

妈妈不仅是孩子生命的守护者，更是他们心灵的导师与引路人。妈妈的一举一动都对孩子有着深远的影响。妈妈不仅要关心孩子的学业，更应注重培养其品德与情操，教导孩子如何面对困难、如何关爱他人。在生活中，妈妈更要以身作则为孩子树立榜样。妈妈的这种言传身教，会让孩子在潜移默化中领悟到生活的真谛，逐渐养成独立、自信、有担当的性格。

情景再现

小宇刚上初中，正值青春年少，在同学的影响下，他开始追求物质享受，缠着妈妈张晴给他买一些名牌衣服和鞋子。张晴把一切看在眼里，心里却有了主意。

张晴没有苦口婆心地唠叨，而是默默改变了自己的生活。她报名参加夜校的书法课程，当小宇疑惑地询问时，她是这样回答的："孩子，内心的富足远比物质的积累更为重要。"

张晴还经常带着小宇参加公益活动，给贫困家庭的孩子送书包和衣服。小宇看到了不一样的生活，贫困家庭的孩子，虽然生活艰苦，却乐观向上，充满了希望。

有一回，小宇又想要一双很贵的运动鞋，张晴没有直接反对，而是带他去了一所乡村学校。小宇看到学校里的孩子穿着破旧的鞋子，照样在操场上欢快地奔跑，笑声阵阵。一时间，小宇好像突然懂了，真正的价值不是拥有多少东西，而是学会珍惜和感恩。

就这样，张晴以身作则，用自己的行动一点一滴地影响着小宇。小宇不再只盯着物质享受，转而开始注重内心的成长，懂得珍惜身边的一切，也愿意用自己的力量去帮助他人。小宇慢慢长大了，变成一个内心温暖、有责任感的孩子。这一切都离不开妈妈张晴潜移默化的影响。

暖心提示

妈妈对知识的不懈追求、对生活的由衷热爱，以及面对挫折时的坦然与从容，无一不引导着孩子的成长。妈妈以身作则，用自己的一举一动告诉孩子，人生从来都不是一条平坦顺遂的康庄大道，而是充满了曲折与坎坷。然而，只要在心中永远怀揣着勇气和坚定的信念，就能够如同勇士一般，斩断前行道路上的荆棘，冲破重重阻碍，一步步走向充满光明与希望的未来。

**妈妈是孩子成长的引路人，
以自身为榜样带领孩子走向未来。**

妈妈课堂

妈妈不仅是孩子的模仿对象，更是他们的精神支柱和生活导师。通过自身的言行举止，妈妈能够深刻地影响孩子的品德、性格以及未来的发展方向。

1. 行为示范，铸就品德之本

在孩子的世界里，妈妈是最初也是最重要的行为模范。妈妈的每次抉择、每个举动，都如同无声的教导，在孩子的心田播下种子。假如妈妈把诚信、善良和勤奋当作生活的信条，孩子自然会在模仿中学会这些美德。这种以身作则的教育方式，比任何言语都来得更为深刻和持久。

2. 精神引领，点亮前行之光

在孩子成长的道路上，难免会遇到挫折与困难。在这样的时刻，妈妈的态度和行为就成为孩子最好的范本。当妈妈面对艰难时展现出坚韧不拔的意志和乐观向上的心态，孩子便会在心中种下勇气的种子。这种精神的传承，不仅能够帮助孩子克服眼前的困难，更能够激励他们在未来的日子里勇往直前，不断追求更高的目标。

3. 生活引导，指明成长的方向

妈妈不仅是孩子的照顾者，更是他们成长的引路人。妈妈通过自己对家庭和社会的态度与行为，为孩子树立起生动且直观的榜样。在妈妈的引领下，孩子能学会热爱生活、尊重他人以及承担责任。这些经验，将成为孩子未来人生道路上最宝贵的财富。

温馨时刻

吴峰上六年级了，可他的学习成绩不好，对学习也没兴趣，每天就知道玩儿游戏。妈妈张惠看在眼里，急在心里。

此后，张惠每天下班回家无论身体多么疲惫，都会拿起一本早已准备好的书，坐在客厅，静静地阅读。吴峰看到妈妈认真看书的样子很好奇，就问："妈妈，您以前总说下班累得只想睡觉，怎么突然这么爱看书了？"张惠答道："看书能让我放松，也能让我学到很多新知识。而且，我觉得这是一种很好的习惯，值得我们去坚持。"受妈妈的影响，吴峰开始尝试放下游戏，拿起书本。

除了阅读，张惠还时常带着吴峰参加社区志愿服务活动。他们一起走进孤寡老人的家中，为他们送去温暖与关怀；他们一起参与环保活动，为保护环境贡献自己的一份力量。在她的带动下，吴峰学会了关爱他人、珍惜环境，更重要的是，他体会到了帮助他人所带来的快乐与满足。

启迪时刻

故事里的妈妈通过以身作则和言传身教，引领孩子摆脱了虚拟的游戏世界，使其变成一个热爱生活、热爱学习的孩子。在教育孩子的过程中，我们要知道，说教或许能在一时让孩子记住某些道理，但往往难以真正深入人心。而以身作则是一种无声却强大的力量。比如，我们希望孩子热爱阅读，自己就应先放下手机，主动去看书；我们期望孩子诚实守信，自己就要在生活中坚守承诺。当我们以积极向上的态度面对困难时，孩子便学会了坚韧；当我们以友善和宽容对待他人时，孩子也懂得了尊重与包容。以身作则不是一朝一夕的作秀，而是长期的坚持与坚守。因为只有这样，才能让孩子在潜移默化中受到熏陶，引领他们走向正确的人生方向。

妈妈智慧

在孩子成长的旅程中，妈妈的作用无可替代。妈妈的每一个决策、每一次行动，都如同灯塔为孩子指引前行的方向。

智慧 1

在日常生活中，妈妈自己要做到诚实、守信用，尊重身边每一个人，用实际行动让孩子明白这些品质的重要性。要是不小心犯了错，妈妈要勇敢承认并改正，成为孩子道德的引路人。

智慧 2

妈妈自己要热爱学习，给孩子树立榜样。陪孩子一起探索知识，鼓励孩子多提问题、多思考。在家里创造良好的学习氛围，比如安排一个专门读书的地方，定期一起交流学到的东西，让孩子在轻松的环境中爱上学习。

智慧 3

妈妈要关注孩子生活的点点滴滴，从每天按时作息、整理自己的物品，到健康饮食、适当运动，妈妈都要带头做好。妈妈也要让孩子参与做家务，培养孩子的责任感和独立性，让孩子学会自我管理。

妈妈加油站

智慧育儿，是一场既充满挑战又极具意义的旅程。作为妈妈，您不仅是孩子生命的引路人，更是他们智慧成长的启蒙者。走好每一步，意味着在育儿的过程中，妈妈要用心、用智慧去引导和支持孩子。

首先，智慧育儿是理解孩子的独特性。每个孩子都是一颗独一无二的种子，拥有不同的生长环境和潜力。因此，在育儿过程中，妈妈要学会因材施教，根据孩子的性格、兴趣和需求，制订个性化的教育方案。

其次，智慧育儿注重培养孩子的综合素质。在传授知识的同时，更注重培养孩子的品德、习惯和能力。鼓励孩子多思考、多探索、多实践，培养他们的创新思维和解决问题的能力。

再次，智慧育儿需要妈妈不断学习和成长。育儿是一门学问，需要不断地学习和实践。作为妈妈，要时刻保持开放的心态，积极学习新的育儿理念和方法，不断提升自己的育儿能力。

最后，让我们携手努力，为孩子的健康成长和美好未来贡献自己的智慧和力量。

第四章

自我成长，收获新惊喜

每一个优秀的孩子背后，都有一个优秀的妈妈。妈妈以身作则、率先垂范，给孩子带来的影响是巨大的、积极的。

因此，妈妈在育儿之余，也不要忘了关注自身的成长。不断学习、不断充电，努力发展自身爱好，丰富自己的生活，时刻关注自身健康，保持愉快的心情，如此，才能为孩子做好榜样和后盾。

不断学习，提升育儿知识与能力

育儿从来就不是一件简单的事情。妈妈育儿，就像园丁栽培花草，不仅要养育，给予其足够的物质条件，让孩子吃饱穿暖，健康长大；还要教育，教孩子懂事理、辨对错，培养和塑造孩子的性格、品质，保证孩子的心理健康。而这些都需要专业的知识。因此，一个好妈妈必须要不断学习、丰富自我、提升自我。

情景再现

周六下午，天空晴朗，万里无云，李悦带着女儿芸芸一起到家附近的游乐场玩耍。

游乐场很大，里面有滑梯、转转床、攀岩墙、跷跷板、沙地……小朋友们追逐打闹，玩儿得不亦乐乎。

“芸芸，你也去玩儿吧。”李悦轻轻推了芸芸一下，笑着说。

没想到，芸芸摇摇头拒绝了：“我不。”

李悦很纳闷儿，耐着性子又劝了两次，芸芸一直摇头。李悦有些生气，稍微责备了两句，芸芸就委屈地哭了。

“呜呜呜……”

看着哭泣的女儿，李悦有些不知所措了。

就在这时，站在不远处的瑶瑶妈妈走了过来，指着在沙地上玩沙的瑶瑶对芸芸说了些什么，芸芸立即止住眼泪，像只小鸟般跑向沙地。

“这……谢谢你。你是怎么做到的？”看到这一幕，李悦好奇极了。

“我学过一些心理学和微表情知识，你看，那边好多都是男孩儿，你家孩子是害羞了，还有些害怕。我让她去和瑶瑶玩儿，她俩都是女孩儿，能玩儿到一起。”

“原来是这样，你真厉害！”李悦赞叹道。

“你过奖了”。

寒暄了几句后，两人又兴致勃勃地聊起了育儿心得。瑶瑶妈妈告诉李悦："养育孩子是个功夫活儿。要想养好，咱们大人也得多学习。厨艺、口才、心理学、手工，都得学点儿，有备无患嘛。"

李悦深以为然，下定决心以后一定要抽时间多学学育儿的相关知识，充实一下自己。

暖心提示

"当妈妈"不需要考证，要"当好妈妈"却需要不断学习、不断提升。多学习一些育儿方面的知识，比如教育学、儿童心理学、健康学、烹饪学、沟通学、营养学等，能够让妈妈更好地了解孩子的心理和需求，掌握孩子的健康状况，陪伴孩子茁壮成长。

育儿是一门深奥的学问，
不断学习，提升自己，育儿智慧又高效。

妈妈课堂

“父母是孩子生命中的第一任导师”，孩子将来能否成才和家庭教育息息相关。而相比于爸爸，妈妈陪伴在孩子身边的时间更多、更长。于是，不断学习、丰富自身的育儿知识、提升育儿能力，也就成了妈妈的人生必修课。在学习的过程中，妈妈应该做到以下两点：

1. 与时俱进、不墨守成规、不盲从

事物是不断发展变化的，过去的很多育儿经验与心得不一定适合现在。教育环境不断变化，妈妈的教育态度、教育理念也应该随之不断变化。如果妈妈不跟着变化，还盲目地因循各种旧经验、旧方法，是不可能教好孩子的。比如，以前父母都推崇“棍棒底下出孝子”，对孩子非打即骂，如今妈妈要是有样学样，很可能让亲子关系恶化。

2. 有的放矢，“因孩制宜”

育儿的目标不同，选择的策略和方法自然也不同。妈妈在学习的时候，最好有的放矢，根据自家孩子的情

况去规划学习内容。比如，孩子性格敏感、不擅表达，妈妈就应该着重学习一下儿童心理学和沟通学；孩子喜欢体育，妈妈就要多了解一下体育相关知识。

温馨时刻

一向活泼爱笑的莉莉今天一整天都耷拉着脸，闷闷不乐。妈妈既担心又诧异，耐着性子追问了良久，莉莉才噘着嘴，无精打采地开口："我和倩倩吵架了，倩倩不和我玩儿了。"

听了女儿的话，妈妈皱了皱眉，顺嘴就说了一句："她不和你玩儿，你也别和她玩儿了。"

没想到，莉莉却不乐意了："呜呜，我不要，妈妈讨厌！"

看着情绪有些激动的女儿，妈妈这才意识到自己的处理方式有些草率了。

于是，趁着吃饭的工夫，特意打电话向闺蜜咨询，还专门在网上报了“儿童心理学”和“智慧育儿”的课程来学习。

学了几节课后，妈妈再次和她聊起倩倩的事情。

“宝贝儿，能告诉妈妈，你为什么和倩倩吵架吗？”

“我……我弄坏了她的文具盒。”

“那这件事是你做错了。做错了就该勇敢地去道歉，你说是不是？”

“嗯！”

“妈妈，我道歉了，倩倩会原谅我吗？”

“肯定会，只要你道歉，你们还是好朋友。”

“那我明天就去道歉！”

在妈妈的引导下，莉莉诚恳地向倩倩道了歉，两人和好如初，莉莉脸上又重新绽放出笑容。妈妈也从这件小事中体会到了育儿的不易和不断学习的重要性，之后很长一段时间她都坚持学习，不断提升自己的育儿知识和技能。

启迪时刻

育儿最重要的就是建立亲子之间的信赖关系。只有让孩子毫无保留地信任你、依赖你，才会对你敞开心扉，愿意听你的话，和你互动。这种信赖要怎么建立呢？最有效的一种方法就是提升自己的能力，不让孩子“失望”。

妈妈智慧

智慧1

学习的最好方式是阅读。通过阅读各种育儿期刊、儿童著作和相关的书籍、文献、文章，妈妈即便足不出户，也能多角度、多层次地了解各种专业的育儿知识，更好地和孩子沟通相处。

智慧2

报名参加各种培训班，去听听育儿讲座，也是挺不错的学习途径。育儿专家经验丰富、见多识广、专业素养也高，分享的知识和技巧大多很实用。如果是线下培训或讲座，妈妈还能和专家互动，请专家为自己答疑解惑、解决育儿过程中遇到的各种难题。

智慧 3

“三人行，必有我师焉。”每一位妈妈都有自己独特的育儿经验。加入论坛、育儿群、妈妈互动群，通过社交平台，和千千万万的妈妈分享育儿心得、探讨和交流不同情景下育儿问题的处理方法，肯定受益良多。

关注自身健康，保持良好的身体状态

在孩子的成长过程中，妈妈既是陪伴者，也是守护人。有妈妈在，孩子心中就有依靠，无论做什么，都底气十足。一旦妈妈倒下，孩子的天就塌了半边，他们会伤心、会难过、会彷徨。所以，即便是为了让孩子放心，妈妈也要学会照顾自己，时刻关注自己的健康。

情景再现

琪琪妈妈每天都很忙碌，从早到晚，脚不沾地。

除了给女儿琪琪准备丰富的三餐，接送琪琪上下学，还要洗衣服、收拾房间、打扫卫生、刷锅洗碗、收快递、去楼下超市做兼职收银员、陪琪琪补课……

周日，琪琪妈妈一如既往地在家中忙活，洗菜的时候突然觉得头晕，一个踉跄，狠狠地摔倒在地。

等她醒来，最先看到的就是琪琪满是眼泪的脸。

“妈妈！妈妈！你怎么了？你没事吧？呜呜呜……琪琪好怕。”

“宝贝儿，别怕”，妈妈抬起有些发软的胳膊，摸了摸琪琪的头，安慰说，“妈妈没事，就是有些累了，休息下就好。”

“我不让妈妈累！我着急！”琪琪抿着嘴，有些语无伦次。

“别着急，只要琪琪好，妈妈再苦再累也不怕。”妈妈笑着说。

“我怕！妈妈，我怕！我不要没有妈妈！呜呜呜……”琪琪趴在妈妈身上，哇哇大哭。

感受到女儿内心的恐惧，妈妈心疼之余，终于开始反思：要是自己真的倒下了，女儿以后该怎么办？

从那之后，琪琪妈妈开始慢慢转变，不再终日忙碌，不再熬夜，定期体检、坚持锻炼、均衡饮食，身体越来越健康。

暖心提示

育儿并不是一件轻松的事情。智慧的妈妈都知道，要教养好孩子，不仅需要大量的时间，还需要充沛的精神和体力。

只有妈妈精力十足、健健康康，才能更好地陪伴孩子、辅导孩子、关注孩子的成长。如果妈妈体弱多病、每天都无精打采，不仅不能照顾好孩子，还会错过孩子成长中的很多美好，有害无益，得不偿失。所以，各位亲爱的妈妈，无论你平时有多忙，无论你是什么职业、什么年龄，都请记住，“打铁还须自身硬”，只有照顾好自己，才能照顾好孩子。关注和保持自身的健康，非常重要。

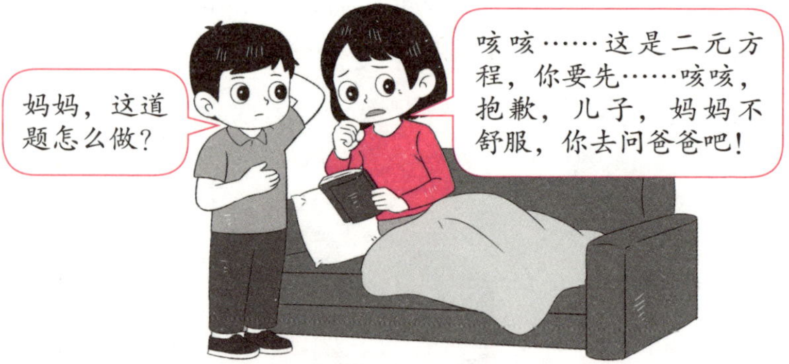

身体是革命的本钱。
妈妈只有身体好，才能更好地陪伴孩子。

妈妈课堂

养育和教导孩子对每个妈妈来说都是一场漫长的考验。能不能做好，既取决于妈妈的情商、智商、逆商，也取决于妈妈的体能和健康。俗话说：“工欲善其事，必先利其器。”高效育儿的第一前提就是健康。唯有妈妈保持健康，才能更好地陪伴孩子，对此应做到如下几点：

1. 全身心关注和陪伴孩子

陪伴孩子、呵护孩子成长、辅导孩子做作业、注意孩子的情绪变化、引导孩子参加各种活动、和孩子一起阅读、给孩子讲故事、陪孩子做游戏等，都需要耗费大量的体力、精力。不健康、爱生病、精神不济、动不动就会累倒的妈妈根本就做不到。只有健康、乐观、精力十足的妈妈才有时间和精力全身心地关注和陪伴孩子，细心呵护孩子，回应孩子的种种需求，让孩子如小树苗般茁壮成长。

2. 情绪稳定、不乱发脾气

很多妈妈在教养孩子的过程中，会因为各种原因而变得情绪不稳定，甚至有时会忍不住打骂孩子，对孩子发火。要知道，这种行为不仅会对妈妈自身的健康产生危害，还会对孩子的身心造成伤害。所以，要想做一个合格快乐的妈妈，就要学会稳定自己的情绪，不乱发脾气的同时要懂得及时调整自己的情绪，让自己永葆活力，用更加积极乐观的态度陪伴孩子，和孩子一起成长。

3. 潜移默化地影响孩子，让孩子养成好习惯

不健康的身体大多都是不健康的习惯导致的。许多妈妈喜欢熬夜、懒宅、成天抱着手机、不运动、爱吃甜食、习惯久坐。时间长了，就会影响孩子，导致孩子有样学样，养成同样的坏习惯。相反，若是妈妈喜欢锻炼、规律饮食、合理作息，孩子也会爱动爱闹、活泼又健康。

温馨时刻

“丁零零……”

早上6点，闹钟响了三四次，王华才挣扎着从床上爬起来。

最近一段时间，不知道怎么了，她的身体开始变得越来越差，稍微干点儿家务就气喘吁吁，即便是白天也提不起精神，就好像有一座大山时时刻刻压在她身上。

王华知道，自己可能是病了。但家里还有一大摊子的事需要她处理，儿子阿宝今年才 10 岁，调皮捣蛋，一不注意就会闯祸，也需要她全天候地监督陪护，还有……

“哎！”想着想着，王华忍不住叹了口气。接着，强撑着眼皮，起床、洗漱，然后准备给阿宝做饭。

可是，刚走出房门，王华就闻到了一股淡淡的香味。

阿宝围着小围裙，端着一杯热好的牛奶和一个煎得不那么好的鸡蛋笑着走向她。

“妈妈，我给您做了早饭。”

看着儿子，王华一下子愣住了。

“妈妈，您最近脸色好差，肯定是生病了，”阿宝板着小脸，很认真地说，“老师说了，生病了需要别人照顾，才能好起来。妈妈，从今天起，我来照顾您，您一定要快点儿好。等您好了，咱们一起去玩儿捉迷藏、碰碰车。”

听着儿子的话，王华鼻头发酸，忍不住落下泪来。

之后的一段时间，在儿子阿宝的监督陪伴下，王华每天都睡眠充足、饮食健康、定时吃药、勤加锻炼，很快，她的身体就恢复了健康。

启迪时刻

妈妈病了，就像大树生了虫、秃了叶，不仅无法长久地陪伴孩子，看着他们长大，也不能再为孩子遮风挡雨、成为孩子的后盾。所以，智慧的妈妈在照顾孩子的同时，都很关注自己的健康，强身健体、按时体检、补充营养，样样不落。

妈妈智慧

智慧 1

保持健康的诀窍之一就是做好规划，高效利用时间。时间对每个人都是公平的。很多妈妈之所以每天都忙得脚不沾地，就是因为做事没有规划，不分主次，东一榔头西一棒槌，还容易被各种“闲事”打扰。所以，做好规划、学会管理时间、提高时间的利用率非常关键。

智慧 2

事情是忙不完的，忙完了一件，还会有十件、百件在后面等着你。因此，智慧的妈妈都懂得劳逸结合，不定时地给自己放个假，去散散步、旅旅游、追个剧、学个插花、补个觉。等自己“满血复活”后，再重新投入各项工作。

智慧 3

规律作息，均衡饮食。妈妈想保持健康，一要管住嘴，二要迈开腿。平时没事的时候多运动、多锻炼，不要总是躺着坐着；吃饭的时候也要注意营养搭配，果蔬蛋奶肉，样样都要吃，不能像孩子一样偏食挑食。

发展兴趣爱好，丰富你的个人生活

孩子是妈妈生命中不可或缺的一部分，却不是妈妈生命的全部。

妈妈首先是自己，其次才是妈妈。在育儿之余，妈妈也应该学着爱护自己，培养和发展一些属于自己的兴趣爱好，让自己活得更充实、更闪亮。

情景再现

陈萱是个全职妈妈，女儿晴晴今年 11 岁，上五年级。

晴晴开朗热情，兴趣广泛，是个很优秀的孩子。平时，对陈萱也很关心。

一个春日的午后，晴晴写完作业，闲着没事，和妈妈聊起了天。聊着聊着，母女俩就聊到了童年，聊到了兴趣。

“妈妈，您最感兴趣的事情是什么？”晴晴问。

“弹钢琴。”陈萱不假思索地回答。

“哇！妈妈您还会弹钢琴？”晴晴震惊了。

“上大学的时候经常弹，结婚后就很少弹了，手生了。”陈萱感叹。

“没关系，妈妈，您可以重新练习。”晴晴安慰说。

重新练习？女儿的话让陈萱的心一下子变得火热起来。

是呀，现在孩子也大了，不用自己全天候地贴身照看。平时闲着没事，为什么不重拾兴趣做些自己喜欢的事情呢？

想到这儿，陈萱顿时觉得整个世界都明朗了。

那之后不久，陈萱就报了一个钢琴兴趣班，努力练习钢琴。同时，她还自学了书法。晴晴知道后，每天都会跑过来和妈妈交流学习的心得。

中秋节，学校举办文艺晚会，陈萱和女儿还一起登台表演《天鹅湖》，陈萱伴奏，晴晴跳舞，配合得相当默契。

“妈妈，您真棒，我爱您！”表演结束后，晴晴热情地拥抱了妈妈，陈萱脸上也情不自禁地绽开了灿烂的笑容。

暖心提示

兴趣不仅是乏味生活的调剂，也是妈妈个人能力的展现。每一个热爱自我、愿意花费时间不断丰富自己的妈妈，都能活得闪闪发亮。

哪个孩子不喜欢闪闪发亮的妈妈呢？妈妈发展爱好、提升技能、让自己变得强大，不仅可以增强自信，还能增进亲子关系，和孩子一起创造更多、更美好的回忆。譬如，喜欢打羽毛球的妈妈可以和孩子一起练习、分享胜利的喜悦，或者谈谈输球的悲伤。喜欢画画的妈妈，可以和孩子一起画全家福、成长手册，记录生活中的点滴美好。

丰富个人生活，让自己更闪亮。
多才多艺、自信自强的妈妈最可爱。

妈妈课堂

“世上只有妈妈好，有妈的孩子像块宝。”母爱，永远那么伟大，那么无私。很多妈妈都会本能地把孩子放在人生的第一位，下意识地忽略了自己的爱好和需求。初衷很好，但做法不太妥当。事实上，妈妈要是能发展兴趣、提升自我，无论是对孩子，还是对自己，都只有好处没有坏处，譬如：

1. 缓解压力、优化自身，保持饱满积极的情绪

妈妈平时身兼照顾和养育孩子的重任，生怕有所闪失，压力往往极大。时间长了，很容易把自己压垮。而忙里偷闲，主动发展一下自己的兴趣爱好，学点儿自己想学的东西，做些自己爱做的事情，不仅能让妈妈提升自己，还能缓解压力，让妈妈暂时忘记烦恼、放松身心、保持积极愉快的心情。

2. 增强亲子关系

亲子之间的沟通最重要的就是互动。妈妈多发展

些兴趣爱好，见识多了，眼界广了，和孩子的共同话题自然也会增多。另外，多才多艺的妈妈还能配合孩子参加各种亲子活动，增强互动和信任，让孩子为妈妈自豪。

3. 潜移默化地影响孩子

爱观察、爱模仿是孩子的天性。而日常生活中孩子模仿最多、观察最多的人，无疑是父母。如果妈妈乐于学习、兴趣广泛，做任何事都专心致志，就能用心过好每一天。孩子也会受到感染，不知不觉间变得好学、专注、兴趣广泛、热爱生活。

温馨时刻

金秋十月，桂花飘香，三年一度的“翱翔杯”少年舞蹈大赛在万众瞩目中落下了帷幕。

实验中学七年一班的李圆圆出人意料地拿到了大赛的金奖。

赛后，很多家长急不可耐地找到圆圆妈妈，向她询问育儿的秘诀。

“秘诀？”面对询问，圆圆妈妈笑了笑，回答说，“我的秘诀很简单，就是做好自己。”

做好自己？这和教育孩子有什么关系呢？很多家长疑惑不解。

圆圆妈妈解释说：“孩子好奇心重，爱模仿，总是下意识地模仿父母。我爱人常年不在家，对孩子的影响很小。我呢，是个全职妈妈，平时没事的时候，就喜欢做些自己喜欢的事情，学学插花、练练瑜伽、画画儿。对每一件事，我都会认真对待、全力以赴，努力做到最好。”

说到这儿，圆圆妈妈稍稍停了一下，然后继续说：“圆圆性格外向，有很多爱好，喜欢跳舞、喜欢园艺、喜欢机械。对她的各种爱好，我都支持，从不阻拦。她也会学着我的样子，努力发展自己的爱好，专心致志，把它们做到最好。比如跳舞，每天晚上，圆圆都会练一个小时的舞蹈，不用我督促。她跳舞的时候，我也会专注地做自己的事情，画画儿或练瑜伽，互不打扰。”

听了圆圆妈妈的话，家长们都若有所思。

启迪时刻

作为妈妈，如果想教育好孩子，最有效的方法就是以身作则、充实自己、提高自己、发展自己的兴趣爱好、拓宽自己的生活圈，给孩子做表率，成为孩子的好榜样，就像圆圆妈妈做的那样。

妈妈智慧

智慧1

很多妈妈平时忙忙碌碌的，真的闲下来，还有些不适应，不知道自己要干什么、想干什么，也不知道自己的兴趣点在哪儿。不过，没关系，兴趣都是试出来的。各位亲爱的妈妈，只要你勇于去尝试，插花、瑜伽、游泳、编织、手工、绘画、歌舞等各种活动都很不错，时间长了，总能找到自己真正热爱的事情。

智慧2

如果发展兴趣的同时，能把兴趣融入生活，把兴趣和家庭、育儿、社交等结合起来就再好不过了。比如，喜欢做手工的妈妈，可以带着孩子一起做；喜欢烹饪的妈妈，可以在满足自己爱好的同时，精心为孩子准备各种美食；喜欢阅读的妈妈，可以和孩子一起阅读书籍，享受快乐的亲子时光。

鼓励独立，培养孩子内心的责任感

独立是孩子的必修课，作为家长，一定要鼓励孩子独立，让他们拥有自理能力和独自解决问题的能力。

责任感是孩子必须具备的好品质，作为家长，要注重培养孩子的责任感，让他们成为更好的自己。

情景再现

一天，小明的妈妈送给他一株植物，告诉他这株植物将由他来照顾。小明兴奋地接受了这个任务，他给植物取了个名字——“绿宝”。

起初，小明对照料“绿宝”充满了热情。每天放学后，他都会给“绿宝”浇水，不时用小手轻轻抚摸它的叶子。然而，随着新鲜感的消退，小明开始疏忽对“绿宝”的照顾。几周后，他发现“绿宝”的叶子开始发黄，根部有些腐烂。

小明内疚不已，他意识到自己缺乏责任感的行为伤害了“绿宝”。他向妈妈求助，想学习如何正确照顾植物。妈妈并没有责备他，而是耐心地教他如何调整浇水量，如何为植物提供足够的阳光。

在妈妈的指导下，小明更加用心地照顾“绿宝”。不久，“绿宝”重新焕发了生机，叶子变得更加翠绿，甚至开出了几朵小花。

这次经历让小明懂得了责任的重要性。不仅在照顾植物上，在生活的方方面面，他都懂得了应该承担责任。

从此，小明成了一个更加负责任的孩子，他知道，每一个选择和行动，都与责任相连，正是这些小小的责任，铺就了他的成长之路。

暖心提示

很多孩子长大后之所以不知道如何照顾自己，不知道如何对待他人，是因为他们没有学会独立，没有责任感。很多妈妈也头痛：为什么我的孩子到了十几岁还要我来帮他洗衣服？为什么我的孩子不懂得感恩？为什么我的孩子在学校没朋友……这一切都是因为没有培养孩子的独立自理能力和责任感。所以，我们一定要从小抓起，鼓励孩子学会独立，让他们明白承担责任的重要性。

独立是孩子必备的好品质，
拥有责任感是孩子成长的关键。

妈妈课堂

想要做一名好妈妈，培养孩子的独立性和责任感尤为重要。鼓励孩子独立能让他们学会自立自强，变得更坚韧。培养孩子责任感能让孩子拥有解决问题的能力，让孩子的成长之路更加顺利。培养孩子的责任感虽然不太容易，但是好处多多。

1. 帮助孩子融入社会

有责任感的孩子会更有解决问题的能力，在社会中也会更具优势。在团队合作中，如果孩子可以承担自己的责任，那么他就会拥有更多机会。在承担责任的过程中，他们也会了解自己的优缺点，从而更好地生活。

2. 助力个人进步

在学习独立的过程中，孩子可以训练自己独当一面的能力，让自己变得更加自立自强。独立不仅要学会自己生活，还要学会自己解决问题。独立的孩子也会更加自信，从而获得进步。

3. 提升个人素质

孩子有了责任感后，就会自觉地约束自己的行为，从而变得更有素质，更尊重他人。鼓励孩子独立，他们也会变得更加自觉、自律，个人素质也会得到提高。

4. 改善家庭关系

孩子学会独立后，家长的压力也会变小，家庭关系就会更加和睦。孩子独立后，家长也会更欣慰，家长开心，孩子也会有成就感。孩子拥有责任感，会主动帮助家长分担家务，也会更加理解家长的不易。

温馨时刻

这天，小航放学回家就告诉妈妈，自己打算下周参加学校组织的森林探险活动。

妈妈听了小航的话，说:“听起来很有趣，是一个尝试新事物的好机会！”听了妈妈的鼓励，小航却低下了头，说：“可是我怕迷路，也怕遇到我不认识的东西。”

“每个人在面对未知的时候都会感到害怕，”妈妈温柔地说，“但是记住，勇气不是不害怕，而是即使害怕也能去做正确的事情。”

为了帮助小航做好准备，妈妈建议他们一起做一些准备工作。他们一起研究了地图，讨论了可能会遇到的情况，并练习了一些应对方法。

到了探险那天，小航既紧张又兴奋地跟着老师和同学进入了森林。一开始，他紧紧地跟随着队伍，不敢离开太远。但慢慢地，他开始主动观察周围的环境，甚至还帮助同学辨认方向。

当他们遇到一条小河挡住去路的时候，小航勇敢地站了出来，提议用树枝和石头搭建一座小桥。在他的带领下，大家齐心协力地搭好了桥，顺利地过了河。

活动结束后，小航满脸笑容地回到了家。“妈妈，我做到了！”他激动地说，“虽然一开始我很害怕，但后来我发现只要勇敢一点儿，就没有那么难了。”

妈妈骄傲地看着自己的孩子说："我为你感到自豪，小航。你不仅学会了独立解决问题，还帮助了别人。这才是真正的勇敢。"

这个故事告诉我们，通过父母的支持和鼓励，孩子在面对困难时会变得更加坚强和自信。

启迪时刻

鼓励孩子独立，让孩子学会承担责任，能够让孩子在面对挑战时保持冷静，积极寻找解决办法。更重要的是，在不断解决问题、化解困难的过程中，孩子能够得到更多经验与收获，从而变得更加强大，更加成熟。作为家长，要引导孩子学会独立生活，独立解决问题，尽早地了解自我，了解社会。除此之外，家长还要努力培养孩子的责任感，让孩子更加自信，对自己的人生更加负责。

妈妈智慧

智慧 1

作为妈妈，我们不能管理孩子的一切，一定要给孩子一些自己的空间，让他们自己探索，自己成长。如果孩子在独立的过程中遇到了困难，我们应该积极引导，让他们自己解决问题。

智慧 2

想要培养孩子的责任感，可以试着给孩子设定责任范围，由小到大，由易到难，让孩子不断享受完成任务带来的满足感和成就感，从而助力孩子成长。

智慧 3

当孩子成功解决问题之后，要及时地肯定和鼓励孩子，让孩子心里有认同感和成就感。只有这样，孩子才会更加积极地承担责任。

关注孩子的心理健康，及时疏导情绪

关心孩子的心理健康，就是多关注他们的感受，家长要细心观察孩子，一旦发现孩子不开心，比如焦虑、难过或生气，就要多沟通、多倾听并且正确地引导他们，帮他们释放情绪。这样，孩子才能健康成长。

情景再现

前几天，小雨班上进行了数学测验。成绩出来后，小雨的成绩并不理想，因此，她很是郁闷。妈妈看小雨这几天回到家都闷闷不乐的，一向开朗爱笑的她最近也不笑了，便想找机会开导开导女儿。

于是，妈妈带着小雨去了后院的小花园，花园里的小花小草随着微风轻轻摇摆着。妈妈看着小雨，温柔地问："小雨，感觉你最近有些不开心哪，学校发生什么事了吗？"小雨说："妈妈，我是不是很笨哪！我总学不好数学，老师讲的知识别人一听就懂，但是我听好几遍都不懂。”妈妈安慰小雨说：“每个人都有擅长和不擅长的事，小雨画画儿很棒啊，大家都夸赞你的作品。数学需要多练习，一时学不好不意味着你很笨，以后妈妈每天晚上陪你一起复习数学。”

小雨听了妈妈的话，心里暖暖的，眼眶也湿润了。从那以后，妈妈每天都陪小雨复习数学，帮小雨巩固基础知识，整理错题。小雨也越来越有信心，数学成绩也提高了。她还学会了如何面对困难，如何调整自己的情绪。

没过多久，小雨高兴地拿着数学满分试卷给妈妈看。妈妈也很开心，不光是因为女儿进步了，更是因为女儿学会调节心情了。

暖心提示

在孩子成长的过程中，遇到困难是不可避免的。我们作为家长要引导孩子在解决困难的过程中获取更多的经验与教训。不光如此，我们还要充当鼓励者，让孩子学会接纳自己的不足。

如果孩子一直生活在焦虑的情绪中，那么他就会变得越来越自卑。所以，妈妈要帮助孩子排解消极情绪，告诉他们可以通过运动、画画儿、听音乐或和亲朋好友聊天等方式来释放和调整情绪。

心理健康是孩子成长的基石，
家长一定要关注孩子的情绪变化。

妈妈课堂

母亲是孩子心里那盏不灭的灯，在成长中为他们指引方向。当孩子遭遇挫折时，母亲总能第一时间察觉，温柔地疏导孩子的情绪，让孩子的负面情绪得以释放，心情得以平复。这份关注与呵护，正是母爱最真挚、最温柔的体现。

1. 心理健康：成长的基石

心理健康是孩子全面发展的坚实基础，不仅深刻影响着他们认知能力的发展，还关系到他们社交能力的塑造，健康的心理能够帮助他们建立起和谐的人际关系网络；同时，它也是情感表达的导航灯，引导孩子以健康、积极的方式表达自己的喜怒哀乐，促进情感的成熟与丰富。

2. 情绪管理：成长的必修课

教会孩子管理情绪，不仅是每位母亲的责任，更是给予孩子的一份宝贵礼物。因此，母亲通过自身的示范与积极的引导，成为孩子情绪认知的启蒙者。在日常生活中，母亲要以身作则，展现自己是如何面对各种情绪的，为孩子树立一个良好的榜样。

3. 亲子关系：心灵的桥梁

良好的亲子关系，如同坚固的避风港，为孩子的心理健康提供了坚实的保障。妈妈作为这段关系中的重要角色，应当成为孩子最忠实的倾听者。这种倾听，不仅是对孩子的尊重，更是给予他们一种被看见、被听见的深刻安全感。

温馨时刻

小宇最近回到家总是闷闷不乐的，作业也不像以前那样认真完成了。细心的妈妈察觉到了孩子的变化，决定找一个合适的时间与小宇好好谈谈。

晚餐后，妈妈把小宇叫到身边，温和地说：“小宇，妈妈注意到你最近好像有些不开心，发生了什么事情呢？”

小宇低下头，沉默了一会儿，终于开口说："同学们都不愿意跟我玩儿，他们说我太笨了，连老师布置的任务都做不好。"

妈妈轻轻地摸了摸小宇的头，安慰道："小宇，每个人都有自己的长处和短处，重要的是找到自己的优点并且不断努力。"

为了更好地安慰小宇，妈妈决定带他去看一场电影。电影讲述了一个小男孩儿克服内心的恐惧，最终成为一名优秀的足球运动员的故事。电影结束后，妈妈问小宇："你觉得这部电影里的小男孩儿是怎么做到的呢？"小宇想了想说："他很努力，而且他相信自己可以做到。"

"对，"妈妈点了点头，"我们可以一起制订一个计划，帮你提高学习成绩，同时我们还可以一起讨论如何跟同学好好相处。"

接下来的日子里，妈妈和小宇一起制订了学习计划，每当小宇遇到难题时，妈妈都会耐心地引导他思考解决的方法，而不是直接给出答案。此外，妈妈还鼓励小宇参加学校的兴趣小组，结交新朋友。

几周后，小宇开始自信地参与课堂讨论，并且有了更多朋友。

启迪时刻

面对孩子的困惑与难题，沟通是关键。妈妈耐心地倾听孩子的想法，从而给予孩子更加有效的支持与引导。同样，孩子在遭遇同学的嘲笑时，也学会了通过沟通去化解矛盾，重拾友谊。

妈妈智慧

智慧1

留意孩子的行为、表情和言语中的微妙变化，这些是情绪波动的直接反映。一旦发现异常，立即以温柔的方式询问，如“你看起来好像不太开心，能告诉妈妈为什么吗？”。通过对孩子情绪的观察，及时帮助孩子疏导情绪，避免情绪积压。

智慧 2

当孩子遭遇负面情绪时，采取倾听、拥抱、转移注意力等策略进行疏导。同时，妈妈自身也要注重情绪管理，成为孩子的正面榜样，共同学习并实践情绪调节技巧，助力孩子健康成长。当孩子倾诉时，要耐心地倾听，给予孩子温暖的拥抱，让他们感受到被理解、被支持。

挫折教育，提升孩子应对困难的能力

遇到挫折是生活常态，孩子应学会应对与克服。挫折教育能培养孩子坚韧与乐观的心态，长大后面对挑战更坚韧不拔，勇于面对并解决问题。妈妈应铭记，挫折教育旨在助力孩子变得强大，并非让孩子感到无助。

情景再现

这学期，学校准备举办一次数学竞赛，陈越想参加但又怕考不好。妈妈看出他的心思，鼓励他说这是成长的好机会，不要太在意输赢。于是，陈越鼓起勇气报了名。

竞赛后，陈越的成绩不理想，心里很失落，连数学也不喜欢了。但妈妈没有批评他，反而耐心地帮他找原因，教他解题方法，还告诉他挫折是成长的伙伴，不应该害怕挫折。陈越听了，心里暖洋洋的，又有了信心。

之后，陈越努力学习数学，遇到难题就主动问老师和同学。

后来，他又想进足球队，可选拔时他实在太紧张了，所以没能入选。陈越伤心地哭了，觉得以后自己再也踢不了足球了。妈妈安慰他，失败是暂时的，一次失败代表不了什么，只要勤加练习下次肯定能行。

陈越听了妈妈的话，天天放学去练球，不管天气多热或多冷都不放弃。终于，在下次选拔中，他表现得很棒，进了足球队！

随着时间的推移，陈越遇到很多挑战，像考试不好、和朋友吵架等，但每次他都能从妈妈那里得到安慰，还学会了把挫折当朋友，让自己变得更强大。现在的陈越，是个勇敢、有担当的少年，他知道怎么在困难中找到希望，怎么从失败中吸取教训，也不再惧怕挑战！

暖心提示

在人生的旅途中，每个人都会遇到各种各样的挑战和挫折。要让孩子知道，每一次跌倒都是重新站起的开始。失败并不可怕，可怕的是失去再试一次的勇气。要从失败中学习，找到自身的不足，然后更加努力地提升自己。陈越在足球选拔失败后，没有选择放弃和沉沦，而是用自己的汗水和坚持换来了最终的成功。作为家长，我们一定要鼓励孩子努力成为遇到困难不轻言放弃的人。

挫折是孩子成长道路上的垫脚石，直面挫折是孩子成长的关键。

妈妈课堂

在孩子成长的过程中，母亲的角色无可替代，特别是在实施挫折教育、塑造孩子逆境应对能力方面，更是至关重要。挫折，作为生活中不可避免的一部分，是孩子成长道路上不可或缺的磨砺石。它不仅能考验孩子的心理承受能力，还能培养其宝贵的品质。

1. 挫折教育的必要性

生活中充满挑战，孩子需学会在风雨中前行。未经挫折洗礼的孩子，面对困难时易迷失方向。而挫折教育，正是为了让孩子提前适应这个多变的世界，让他们在面对困难时能够保持冷静与坚韧，为未来的人生旅途做好充分的准备。

2. 培养心理韧性

挫折是心理韧性的试金石。孩子在失败中学会坚持，在挫折中锤炼意志。母亲的鼓励与引导，如同灯塔般照亮前行之路，让孩子能够明白每一次跌倒都是重新站起的开始，每一次失败都是通往成功的必经之路，若此孩子心理素质会因此更加强大。

3. 促进自我认知与社交发展

挫折教育如同镜子，能让孩子看清自我，明辨优劣。这种自我认知的提升，有助于孩子建立更加客观、全面的自我评价体系，避免盲目自信或过度自卑。同时，它也教会孩子在冲突中寻求共识，提升人际交往的能力。通过解决与他人的分歧，孩子能够学会理解、宽容与合作，为构建和谐的人际关系奠定坚实的基础。

温馨时刻

一天，文文兴奋地拿着新买的拼图玩具回家，想要尽快把它拼好。然而，这个拼图很复杂，文文尝试了很多次，始终无法成功。他越来越沮丧，最后生气地把拼图扔在一边，说："太难了，我不玩儿了！"

这时，妈妈走过来，轻轻地坐在文文身边，温柔地说："文文，每个人在生活中都会遇到困难和挫折，就像这个拼图一样。放弃并不是解决问题的办法。我们要学会面对困难，勇敢地战胜它。"文文抬起头，疑惑地看着妈妈，问："那我该怎么做呢？"

妈妈微笑着说："你可以试着把拼图分成几部分，一部分一部分地去拼。每当你完成一部分，你就会有成就感，这会让你更有信心去完成剩下的部分。”

文文听了妈妈的话，决定再试一次。他按照妈妈的方法，把拼图分成几部分，然后一部分一部分地去拼。虽然整个过程中还是遇到了很多困难，但文文没有放弃，他耐心地尝试，不断地调整拼图的位置。

终于，在妈妈的鼓励和帮助下，文文成功地拼好了拼图。他兴奋得跳起来，欢呼着：“妈妈，您看！我拼好了！原来，困难并不可怕，只要我愿意尝试，就一定能够成功战胜它！”

妈妈欣慰地笑着，摸了摸文文的头，说：“文文，只要你愿意尝试，就一定能够找到解决问题的方法。”

从那以后，文文变得更加勇敢和坚韧。每当遇到困难或挫折时，他都会想起妈妈的话，用积极的心态去面对挑战。

启迪时刻

文文妈妈的智慧和耐心，成了文文成长道路上最坚实的后盾。不仅在日常生活的关怀上，更在对儿子心灵成长的悉心引导和支持中，展现了母爱的伟大与无私。

文文从最初的易受挫、易难过，到后来的勇敢面对挑战，这一过程是成长中不可或缺的一部分。他学会了将失败视为成长的契机，用积极的态度去反思和改进，这种转变是他人生道路上宝贵的财富。

妈妈智慧

智慧 1

家长应树立正确的挫折教育观念，认识到挫折是成长的一部分，而不是避之不及的洪水猛兽。通过亲身经历或故事分享，向孩子传达“失败乃成功之母”的道理，让他们明白挫折是通往成功的必经之路。

智慧 2

在日常生活中，家长可以有意识地为孩子创造一些适度的挫折情境，如参与具有挑战性的家务、解决学习上的难题等。这些情境应控制在孩子的心理承受范围内，既能让他们感受到挫折的存在，又不会因此产生过度的挫败感。

智慧 3

帮助孩子分析挫折的原因，区分内外因素，培养乐观心态，让他们相信通过努力就能克服困难。同时，家长可以通过讲述成功人士的故事、分享自己克服挫折的经历等方式，激发孩子勇于战胜挫折的信心。

智慧 4

鼓励孩子勇敢尝试新事物，即使失败也要给予其支持与鼓励。在孩子经历挫折后，家长应及时发现并肯定他们的努力和进步，哪怕只是微小的进步也值得表扬。这种肯定能够增强孩子的自信心和积极性，让他们更有动力去面对未来的挑战。

妈妈加油站

自我成长是一场没有终点的美妙旅程，对于妈妈而言，它不仅是个人价值的提升，更是与孩子共同成长、收获惊喜的源泉。

在成为妈妈的那一刻起，她的世界便被无尽的爱与责任填满。但请记得，在全心全意照顾孩子的同时，也不要忘记关注自身的成长。自我成长，意味着不断学习新知识，拓宽视野，提升自我修养和能力。这不仅能够让妈妈更加自信地面对生活的挑战，还能为孩子树立一个积极向上、勇于探索的榜样。

当妈妈勇敢地迈出自我成长的步伐，就会发现生活中处处充满了惊喜。这些惊喜可能来自一次成功的尝试，一次深刻的自我反思，或者是一个与孩子共同完成的小项目。它们让妈妈感受到成长的喜悦，也让妈妈更加珍惜与孩子相处的每一刻。

更重要的是，自我成长让我们与孩子之间的关系更加紧密。妈妈不再是单纯的照顾者，而是成为可以与孩子分享快乐、面对困难的伙伴。在这个过程中，妈妈会发现孩子的世界如此丰富多彩，他们的每一个成长瞬间都值得我们用心去感受和记录。